U0931599

花千樹

正向心理學的
幸福密碼
用科學方法活出積極人生

Lo's Psychology 著

目錄

第二章：性格強項

第三章：正向情緒

第四章：希望

第五章：心流

第六章：寬恕

第七章：靈性

第八章：日誌書寫和人生意義

結語：在社交媒體和 AI 世界中人類的人生意義感

自序

什麼是真正的快樂？生命的意義何在？我們如何才能獲得持久的幸福感？在現代社會中，生活充斥著形形色色的壓力，如果處理不當，這些壓力和負面情緒可能會將我們帶入一個難以回頭的深淵。時至2025年，儘管我們似乎擁有了所有可能的物質享受，卻反而越來越難以獲得真正的快樂。理解快樂的本質，探尋獲得幸福的途徑，已然成為當代人最重要的人生課題之一。

正向心理學（positive psychology）是一股科學力量，為解決這一重要的人生課題提供了啟發和指引。與心靈雞湯不同，正向心理學建立在紮實的科學實證基礎之上。儘管心靈雞湯常常發人深省，但其內容未必經得起科學驗證。相比之下，正向心理學作為一門基於實證研究的心理學分支，在過去30年中受到心理學家的廣泛關注和深入研究。1998年，時任美國心理學會主席的Martin Seligman在年會上正式提出，心理學家應該大力推進正向心理學的研究，由此掀起了正向心理學運動（positive psychology movement）的浪潮。時至今日，正向心理學已發展成為心理學領域的重要分支，其基礎理論的豐碩成果極大地拓展了我們對正向心理品質的認知。

正向心理學家研究的課題十分廣泛，涵蓋了幸福感（well-being）、人生意義（meaning in life）、樂觀（optimism）、感恩（gratitude）、寬恕（forgiveness）、正向情緒（positive emotions）、性格優勢（character strengths）等多個方面。我們甚至可以用26個英文字母來概括正向心理學的研究主題，例如：

Altruism（利他主義）：研究無私助人的行為對給予者與接受者的心理益處

Belonging（歸屬感）：探討社會連結與群體認同對心理健康的貢獻

Character strengths（性格優勢）：辨識並培養個人核心優點與美德

Dispositional optimism（樂觀傾向）：研究持續期待正面結果的心理傾向

Emotional intelligence（情緒智能）：發展識別、理解並調節情緒的能力

Flow（心流）：全神貫注於富挑戰性且愉悅活動的最佳體驗狀態

Gratitude（感恩）：對生活中正面事物與他人貢獻的認知與感謝

Hope（希望）：維持對未來積極期待並朝目標努力的能力

Intrinsic motivation（內在動機）：出於興趣與滿足而非外在獎勵的行動驅力

Joy（喜悅）：研究深層滿足與內在歡愉的積極情緒體驗

Kindness（仁慈）：探討善待他人行為對個人與社會福祉的影響

Life satisfaction（生活滿意度）：對自身生活整體品質的主觀評估

Mindfulness（正念）：培養對當下體驗的開放性覺察與接納態度

Narrative identity（敘事認同）：探索個人如何通過生命故事建構意義

Organizational well-being（組織幸福感）：創造促進員工蓬勃發展的工作環境

Post-traumatic growth（創傷後成長）：經歷逆境後的正向心理轉變

Quality relationships（高品質關係）：建立支持性且滋養的人際連結

Resilience（心理韌性）：面對挑戰與逆境時的積極適應能力

Self-determination（自我決定）：滿足自主、勝任與關係需求的心理理論

Transcendence（超越性）：連結更大整體並超越自我界限的體驗

Unconditional positive regard（無條件積極關注）：完全接納他人的治療態度

Values-based living（價值導向生活）：依據核心價值觀指導行動與決策

Well-being（幸福感）：整體心理健康與生活品質的多維度概念

e**X**cellence（卓越追求）：發揮潛能實現個人最佳狀態的持續努力

Yearning（嚮往）：對有意義目標與深層連結的積極渴望與追求

Zest（熱情活力）：以能量與熱忱全心參與生活的態度與行為傾向

上述列出的只是正向心理學研究課題的其中一部分，大家可以了解到正向心理學接觸的課題真的相當廣泛。

正向心理學的研究可以歸納為三大支柱：正向主觀體驗（positive subjective experiences）、正向個人特質（positive individual traits）和正向組織（positive institutions）。在正向主觀體驗領域，學者主要探究個人正面情緒和經歷的本質，以及其形成機制；在正向個人特質領域，研究重點是那些有助於個人實現積極人生的性格特點，這些特質能夠塑造我們成為「更好的自己」；而在正向組織領域，學者則致力於理解各類正向組織（如正向學校、正向工作場所等）的運作方式，以及成員之間的互動模式。

然而，大眾對正向心理學的理解可能存在一些誤區。有人可能認為正向心理學只是一味地鼓吹追求快樂，但事實並非如此。正向心理學不同於那些毫無根據的「心靈雞湯」，而是一門以科學方法探究「正向」（positivity）的學科。雖然追求快樂很重要，但快樂是不能強行去追尋的，正向心理學更加關注快樂的本質，以及如何實現持久的幸福感。此外，正向心理學並不排斥悲傷，因為悲傷能夠促進個人成長，而成長正是通向快樂的重要途徑。正向心理學也不會忽視一個人的陰暗面，例如脆弱的一面，因為接納自己最脆弱的部分，恰恰是每個人開始進步的起點。

如果你對正向心理學的歷史發展感興趣，或想更全面地認識正向心理學的知識體系，我誠摯推薦你閱讀前作《改變人生的正向心理學——尋找快樂，追求夢想》，以便理解更完整的理論架構與實踐方法，讓你在探索幸福與個人成長的路上獲得更多啟發。

現在，就讓我們一同踏上正向心理學的探索之旅吧！

Onting
IG/Threads @drlo.psychology @drlo.coaching
Patreon: patreon.com/drlomentality
Spotify/Apple Podcast: Dr Lo Psychology 達樂心理

幸福人生

第一章

"Well-being cannot exist just in your own head. Well-being is a combination of feeling good as well as actually having meaning, good relationships, and accomplishment."

Martin Seligman

一個幸福的人生，是每個人都想得到的。

Howard Hughes於1905年出生在德州休斯頓一個富有的家庭。他的父親是成功的石油鑽探工具發明家，母親則是家庭主婦。Hughes從小就表現出過人的智慧和叛逆個性。他對工程學和飛行有著濃厚的興趣。

1924年，年僅19歲的Hughes繼承了父親去世後留下的遺產，一夜之間成為百萬富翁。他用這筆錢投資石油業、荷李活電影公司，還熱衷於飛行。20世紀30年代，Hughes執導了昂貴的電影《地獄天使》（*Hell's Angels*），刷新了航空電影的紀錄。

然而，熠熠生輝的外表下，Hughes飽受強迫症和精神疾病的折磨。他有嚴重的潔癖，害怕微生物，對物品有對稱擺放的強迫症。隨著年齡增長，他的症狀不斷加重，變得越來越偏執、孤僻。他拒絕與人接觸，終日關在酒店房間裡，蓬頭垢面，指甲長達數英吋。

Hughes晚年幾乎成了隱士，靠著嗎啡和安眠藥度日。他讓助手用一疊餐巾紙傳遞紙條，害怕與人直接接觸。1976年，這位曾經意氣風發的億萬富翁在飛往休斯頓治療的飛機上孤獨離世，終年70歲。

有些人擁有全世界的物質財富，
但他一點也不幸福。

Hughes雖然擁有豐厚的財富和顯赫的成就，晚年卻活在偏執和疾病的陰霾中，過著與世隔絕的悲慘生活。他的故事生動地說明了：如果內心缺乏平靜和滿足，再多的金錢也難以換來真正的幸福。Hughes留下了25億美元資產，卻沒留下合法遺囑，引發了長達數十年的遺產爭奪戰。這更是對他孤獨一生的諷刺註腳。

1910年，德蘭修女（又稱特蕾莎修女）出生於阿爾巴尼亞的天主教家庭。18歲時，她毅然赴愛爾蘭加入仁愛修會，成為一名修女，後被派往印度加爾各答教書。

面對加爾各答街頭大量的窮苦民眾，德蘭修女深受觸動。1948年，她毅然辭去教職，走入貧民窟，照顧窮人、病人和臨終者。儘管物資匱乏，生活環境惡劣，德蘭修女仍無私地奉獻自己，關懷和幫助他們，令他們活得有尊嚴。

1950年，德蘭修女創辦了仁愛傳教會，吸引了大批志同道合的修女加入。在她的帶領下，修女們為窮人提供免費教育、醫療救助，在世界各地開辦慈善機構。德蘭修女以身作則，她的房間僅有一張床、一張椅子和一個衣櫃，生活極其簡樸。

有些人不擁有什麼，

但他心靈上的富足及幸福感強得足以照亮他人。

儘管條件艱苦，德蘭修女卻從未言悔。她曾說：「我們感到快樂，因為我們將自己獻給了窮人。」她將幫助窮人視為生命的意義和快樂的源泉。即使年事已高，德蘭修女仍孜孜不倦地投身慈善事業。

1997年，德蘭修女因心臟病去世，享年87歲。數十萬民眾自發地參加了她的葬禮，印度政府更為她舉行了國葬，可見她深受愛戴。德蘭修女一生致力於慈善，獲得了諸多榮譽，包括1979年的諾貝爾和平獎。

德蘭修女的一生，是平凡而偉大的一生。她雖然出身貧寒，生活清苦，卻有著高尚的品德和慈悲的胸懷。她將一生獻給了最貧苦、最需要幫助的人，給予他人愛和尊嚴。

什麼是幸福？究竟我們怎樣才能獲得一個幸福的人生？正向心理學如何定義幸福感？幸福是取決於何種因素？在這一章中，我會為你一一介紹。

什麼是主觀幸福感？

如果你問大部分人什麼是幸福人生的話，你應該會很容易得到以下的答覆：

「如果我有很多錢，我不用工作的話，我就會很幸福。」

「如果我能到處去旅行，我就會很幸福。」

「如果我能隨心所欲，不需要考慮經濟問題而去做任何我想做的事，我就會幸福。」

沒錯，一個能享樂的人生，絕對就是一個幸福的人生。畢竟，如果每天都生活在水深火熱之中，每天都為著生活必需品所憂慮的話，人生也不見得有多舒適，更遑論感到幸福。

如果以是否能享樂去定義幸福的話，那麼這種幸福感在心理學上稱為主觀幸福感（subjective well-being, SWB）。主觀幸福感是基於享樂主義（hedonism）去定義的。享樂主義是一種倫理哲學思想，其核心觀點是人生的最高目的是追求快樂，避免痛苦。享樂主義認為，快樂是生命的本質，一切行為的價值都應以能否帶來快樂為衡量標準。現代正向心理學認為主觀幸福感由兩方面去定義：在主觀情緒上，正面的情緒比負面的情緒多；在認知上，對生活有正面及滿意的評價（life satisfaction）。也就是說，一個在享樂主義下感到幸福的人（即感到主觀幸福感的人），他們在生活中能感受到更多的正向情緒，以及較少的負面情緒，也就是舒心的事多，煩惱的事比較少；同時，他們比較滿意自己的生活質素，例如是否有一個舒適的家，是否有足夠資源去取得各種享受、物品及服務。

TEST：如何評估自己的幸福感？

在心理學研究中，如果我們想測量一個人在主觀幸福感上的分數，一般會用由Ed Diener[1]在1985年發表的生活滿意度量表[2]（Satisfaction with Life Scale, SWLS）去量度個體的主觀幸福感程度。這是一份只有5條題目的量表，大家可以試一試。

以下是5個你可能同意或不同意的陳述。在以下量表中圈出適當的數字（1分代表非常不同意，7分代表非常同意），表明你對每個項目的同意程度。請在回答時保持開放和誠實。

		非常不同意 ⟷ 非常同意						
Q1	從大多數方面來說，我的生活接近我的理想。	1	2	3	4	5	6	7
Q2	我的生活條件非常好。	1	2	3	4	5	6	7
Q3	我對我的生活感到滿意。	1	2	3	4	5	6	7
Q4	到目前為止，我已經得到了我在生活中想要的重要事物。	1	2	3	4	5	6	7
Q5	如果我可以重新活一次，我幾乎不會改變任何事情。	1	2	3	4	5	6	7

計分方法：

將5個問題的分數加起來：

31-35　非常滿意

26-30　滿意

21-25　輕度滿意

20　中性

15-19　輕度不滿

10-14　不滿

5-9　極度不滿

越有錢越幸福？

享樂的經驗（pleasurable experience）是影響主觀幸福感的關鍵因素，生活過得愉快舒適就是一種幸福。所以，大家能夠預計到的是，這種幸福是和物質上的滿足有關係的，也就是和每個人的財富收入有關係。有足夠的財富及收入，人們才能夠獲取舒服的生活環境，享受各種優質的服務。收入和幸福感的關係一直是心理學家很感興趣的課題，畢竟在現代社會中，財富是每個人都會重視的東西，生活上的財富及金錢就是為我們換來貨物及服務的主要工具。驟眼看，金錢和幸福感之間的關係必定是正向的，也就是越有錢的人會越幸福。但是單單從以上Howard Hughes及德蘭修女的故事中，大家已經知道金錢和幸福感的關係並不是在所有情況下都是呈正向的。

Daniel Kahneman是一位著名的心理學家和經濟學家，2010年他在《美國國家科學院院刊》（*PNAS*）發表了一篇文章，探討收入與幸福感之間的關係。這項研究對理解金錢與幸福的聯繫具有重要意義。該研究分析了450,000名美國人的數據，這些數據來自蓋洛普管理諮詢公司進行的日常生活調查。研究發現，收入與生活滿意度之間存在正相關，但這種相關性在年收入達到75,000美元後就趨於平緩。也就是說，超過這個收入水平後，生活滿意度幾乎不再隨收入增加而提高。但另一方面，收入與情緒幸福感

（day-to-day emotional well-being）的關係卻不明顯。研究顯示，高收入者並不比中低收入者更快樂或更不快樂。日常體驗到的喜悅、悲傷、憤怒等情緒似乎與收入水平無關。研究還發現，低收入與較高的痛苦情緒有關。這可能是因為貧困導致了更多的疾病、傷痛和孤獨。隨著收入提高，這些痛苦情緒逐漸減少，但在年收入超過75,000美元後就不再對改善痛苦情緒有正面影響。

2021年Matthew A. Killingsworth在*PNAS*上發表《經驗幸福感隨收入增加而持續增加》（*Experienced well-being rises with income, even above $75,000 per year*）一文，該研究對Kahneman在2010年闡述的觀點提出了挑戰。Killingsworth使用智慧型手機應用程式收集了33,391名美國成年人的1,725,994個經驗取樣報告。參與者被隨機要求在一天內多次報告他們當下的感受。這種大規模的經驗取樣方法提供了對人們實時幸福感的深入洞察。研究的主要發現包括：正面和負面情緒的強度都隨著收入的增加而增強。這表明較高的收入確實與較高水平的情緒幸福感相關。這種正相關在年收入超過75,000美元後仍在繼續。這與Kahneman的研究結果不同，Killingsworth的研究發現收入與正面情緒的關聯強度大於負面情緒。這意味著高收入者體驗到的正面情緒提升幅度更大。收入對幸福感的影響在教育程度、年齡、性別等人口統計學變數中都很穩定。總括來說，Killingsworth的研究挑戰了之前Kahneman提出的觀點，即超過一定收入水平後，金錢對幸福感的影響會趨於平緩。相反，這項研究表明，情緒幸福感會隨著收入的增加而持續提升，沒有明顯的飽和點。

看完這兩份研究文獻後，那究竟收入和幸福感的關係是怎樣的？其實沒有人可以一概而論，因為每一種關係都會受很多調節變數（moderator）所影響。調節變數是指影響兩個變數之間的關係強度或方向的第三方變數，它可以增強、減弱或改變兩者之間的關係。例如，收入及幸福的關係是可以受很多的第三方變數影響的。

心理學中物慾的三個維度

提起金錢，我相信很大部分香港人都喜歡，因為金錢能為我們帶來選擇及自由，不為現實生活條件束縛。但是，並不是每一個人都會認為金錢是人生的所有東西。如何定義金錢及財富於你人生扮演的角色的這個心理建構（psychological construct），我們稱為物慾（materialism）。在心理學中，物慾有三個維度，包括物慾成功（materialistic success）、物慾中心（materialistic centrality）和物慾快樂（materialistic happiness）。

物慾成功：指的是個人將成功與否定義為有多少物質享受的思想，例如：「只有我賺到很多錢，擁有很多物質，我才是成功的。」

物慾中心：指的是一個人認為累積物質享受是人生中最主要的工作。

物慾快樂：指的是個人將物質享受等同於快樂的定義，例如：「我的快樂是建基於我擁有多少財產、有多少收入、有多大名氣等。」

TEST：了解你的物質價值觀

量度物慾高低，我們主要運用物質價值觀量表（Material Values Scale, MVS）。大家也可以一試，在以下的15條問題中，以1至5的分數去回應你是否同意句子中的信息，1 分代表非常不同意，5分代表非常同意。

有關物慾成功的問題		非常不同意 ⟷ 非常同意				
Q1	我欽佩擁有昂貴房子、車子和衣服的人。	1	2	3	4	5
Q2	人生中一些最重要的成就包括獲得物質財富。	1	2	3	4	5
Q3	我不太重視人們擁有的物質財富數量作為成功的標誌。	1	2	3	4	5
Q4	我擁有的物品能夠很好地說明我在生活中的表現。	1	2	3	4	5
Q5	我喜歡擁有能給人留下深刻印象的東西。	1	2	3	4	5

有關物慾中心的問題		非常不同意 ⟷ 非常同意				
Q6	就物質財富而言，我努力保持簡單的生活。	1	2	3	4	5
Q7	我擁有的東西對我來說並不是那麼重要。	1	2	3	4	5
Q8	購買東西給我帶來很多樂趣。	1	2	3	4	5
Q9	我喜歡在生活中擁有許多奢侈品。	1	2	3	4	5
Q10	與我認識的大多數人相比，我更少強調物質財富。	1	2	3	4	5

有關物慾快樂的問題		非常不同意 ⟷ 非常同意				
Q11	我擁有所有真正需要的東西來享受生活。	1	2	3	4	5
Q12	我擁有的東西對我來說並不是那麼重要。	1	2	3	4	5
Q13	如果我擁有更好的東西，我也不會更快樂。	1	2	3	4	5
Q14	如果我能夠買得起更多的東西，我會更快樂。	1	2	3	4	5
Q15	有時候，我無法負擔所有我想要的東西，這令我相當困擾。	1	2	3	4	5

計分方法：

請注意，題目3、6、7、10、11、13是反向計分題，也就是說，如果你選擇「非常不同意」，即是你選了1分，你的得分實際上是5分；如果你選擇「非常同意」，即是你選了5分，你的得分實際上是1分。這些題目的分數需要在計算總分時進行反向處理。

將每個維度的分數加在一起，就能計算你的物慾指標。

物慾高低和幸福感之關係

金錢及收入或許和主觀幸福感呈正相關關係，但是，收入高和物慾高是不同的概念，物慾指的是對物質享受的過分關注及無止境的慾望，物慾和幸福感（包括之前介紹的主觀幸福感，以及本章稍後介紹的心理幸福感），一般都呈負相關關係。

那麼我們如何去解釋高物慾和低幸福感之間的關係呢？當中包括以下幾個原因：

1. 高物慾的人往往將自我價值建立在物質擁有上，導致他們的自尊（self-esteem）受到外在因素影響而不穩定，例如當缺乏物質財富時，他們的自我價值便會動搖，而這種不穩定的自尊會影響幸福感，因為自尊是幸福感的重要預測因子。

2. 高物慾的人更傾向於與他人進行物質擁有上的比較，產生嫉妒等負面情緒，頻繁的向上社會比較（upward social comparison）會降低主觀幸福感，因為總感到自己不如他人（尤其在社交媒體上，人們都傾向展現自己最好的一面）。

3. 高物慾的人可能更重視物質而忽視人際關係的建立和維繫（由於高物慾的人在交友上可能比較功利，缺乏真誠），導致社交支持不足，缺乏良好的人際關係和社會支持，會降低心理健康和幸福感。

4. 高物慾的人容易受外在獎賞驅動（例如金錢和名譽），而忽視內在動機和自主性，影響自我實現，例如在追求目標時往往太重視結果，而缺乏理解過程中的自我成長，缺乏內在動機和自主性會降低生活滿意度和幸福感。

5. 高物慾的人試圖通過物質擁有獲得安全感，但物質本身無法提供真正的心理安全感（sense of security），因為依靠外在物質不能夠長期填滿本身空洞的內心，令到慾望只會持續存在，缺乏安全感會導致焦慮，繼而影響心理健康和幸福感。

6. 高物慾的人往往追求外在目標（如財富、名譽），而忽視內在目標（如自我成長、社會貢獻），外在目標的追求與幸福感的關聯較弱，而內在目標能更好地預測幸福感。

以上只是解釋物慾及幸福感之間的負相關關係的其中一些原因。總而言之，高物慾的人將人生重心全放在外在世界，但幸福感是來自於每個人的內在世界，外在世界的元素和內在世界的元素並不調和，所以物慾並不有利於真正的幸福感。

在以上探討的三種物慾維度中，研究發現，物慾快樂和幸福感呈現最強的負相關關係，而其他兩種維度（物慾成功及物慾中心）對幸福感則呈現較弱的負相關關係。2024年我和研究團隊在*Scandinavian Journal Of Psychology*發表的研究文章中，甚至發現只有物慾快樂和幸福感存在負相關關係，物慾成功及物慾中心則與幸福感並沒有顯著關係。

我和研究團隊在最近的研究中發現物慾和幸福感的關係比想像中的更為複雜。沒錯，當獨立地去理解物慾和幸福感之間的關係時，它們在總體來說都是呈負相關關係的。但是，我和研究團隊思考的是，由於物慾在某程度能驅使個人賺更多的錢，達成更高的財務成就（例如物慾成功和一些經濟財務動機有較強的正關係），而財務水平和主觀幸福感是有一定程度的正相關關係。我們研究的結果和我們的想法一致，當我們只理解物慾和幸福感的關係時，其關係呈負相關，這和一直以來的心理學研究文獻的結果大致相同；但當我們將物質享受也加入考慮時，物慾促進物質享受（這和以上表述的一樣，物慾增加動機去達成經濟及財務成就），而物質享受和主觀幸福感呈正相關關係，也就是說，當將物質享受也加入考慮後，物慾其實某程度上有利於幸福感。

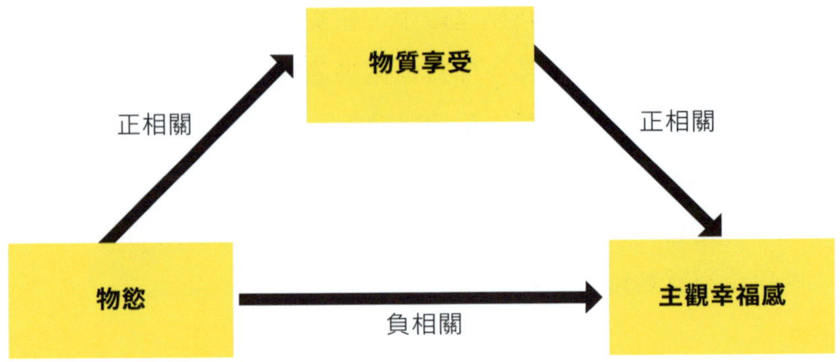

所以，從以上的研究結果我們可以知道，金錢、收入及物慾等概念，和主觀幸福感的關係其實十分複雜。有錢使人快樂，或錢是萬惡等說法，實在難以一概而論。財富及物慾和主觀幸福感的關係，是正是負，相信受很多第三方因素影響，如上述的物質享受，也絕對受個人的性格影響。

享樂是幸福，但有時候為了實現遠大目標而受苦也可帶來滿足感和幸福感。

相信夢想的力量，它會帶你飛翔。

幸福感的真正來源

享樂在人生中固然重要，但是我們都會認同一件事：我們可以從人生目標中得到力量。在追求目標的過程中，很多時候享樂都是不存在的，因為我們需要付出努力、時間、心血和汗水。

美國游泳運動員Michael Phelps的故事展現了追夢的艱辛與甘甜。為了實現成為頂尖游泳選手的夢想，Phelps每天凌晨4點起床，在泳池中進行高強度訓練，直到筋疲力盡。他犧牲了與朋友玩樂的時光，抵抗了許多美食誘惑，甚至忍受水中氯氣對皮膚和眼睛的刺激。然而，當他在2008年北京奧運會上獲得8枚金牌、打破7項世界紀錄時，所有的汗水和淚水都化為巨大的成就感和滿足感。

偉大的已故NBA球星Kobe Bryant在13歲時就立志成為一名職業籃球運動員。為了實現這個夢想，他每天凌晨4點起床，在球場上練習投籃，直到日出。Kobe曾說：「我的夢想不僅是打進NBA，而是要成為最優秀的球員之一。」為了達到這個目標，Kobe付出了常人難以想像的努力。他總是第一個到達訓練館，最後一個離開。即使在賽後疲憊不堪，他也會堅持加練投籃和各種籃球技巧。Kobe的努力沒有白費，1996年只有18歲的他進入NBA，開啟了他傳奇的職業生涯。在20年的NBA生涯中，他5

次奪得總冠軍，2次當選總決賽MVP，1次榮膺常規賽MVP，18次入選全明星陣容。他以「曼巴精神」（mamba mentality）著稱，代表了不屈不撓、永不放棄的競爭意志。然而，追夢的路並非一帆風順。Kobe曾經歷嚴重傷患，特別是2013年阿基里斯腱斷裂，這對許多運動員而言意味著職業生涯的結束。但Kobe沒有放棄，他咬緊牙關忍受康復訓練的痛苦，僅用8個月時間就重返賽場。儘管傷患令他的狀態大不如前，但他依然憑藉頑強的鬥志，在球場上拼搏到最後一刻。2016年4月13日，Kobe在生涯最後一場比賽中獨得60分，以一場絕唱為自己的傳奇生涯畫上了完美的句號。賽後，他動情地說：「這20年來，每天清晨我醒來，唯一的目標就是變得更強。這需要很多時間、決心和犧牲，但我真的很享受這個過程，因為我知道我在為夢想而努力。」

Kobe和Phelps的故事告訴我們，追求夢想需要付出常人難以想像的努力和犧牲，需要在挫折和傷痛面前展現堅強不屈的意志。但當你全心全意地投入，當你的汗水澆灌出夢想的果實時，你會發現這一切都是值得的。正如Kobe所說：「當你真正喜愛一件事情時，你會甘之如飴地為之付出一切。」

為了遠大目標去受苦也是一種滿足感、一種幸福。而這種幸福，就是心理幸福感。

什麼是心理幸福感？

為了人生的熱情所在，即使受苦，也能獲得幸福。這種幸福感稱為心理幸福感（psychological well-being, PWB）。在哲學上，這種定義稱為eudaimonism，它主張人生的最高目標是實現「eudaimonia」，即幸福、美好生活或自我實現。這與上述的主觀幸福感概念不同，eudaimonia不僅是一種主觀感受或情緒狀態，而是一種客觀的、全面的生活質量，涉及個人的道德品質、智慧發展、人際關係、社會責任等多個方面。要實現eudaimonia，個人需要按照理性和美德去生活，充分發揮自己的潛能，實現自我完善，達成目標，才能令人感到滿足及幸福。所以，心理幸福感和現今心理學上的人生意義感（meaning in life）比較相關。近年心理學在定義人生意義中大致取得了共識，人生意義感分為三個部分，分別是因對生命的理解而產生的生命連貫感（sense of coherence）、人生目標感（purpose in life）和人生重要感（significance）。當一個人對自己的生命有深刻的理解，能找到自我的身份（self-identity），清楚理解自己的熱情所在，他便能找到人生目標，而這也是一個人於現世中感受到自我重要性的重要原因。關於人生意義模型的詳細解說，可參閱前作《活得真累——正向心理學給你的三把人生鑰匙》第一章，在這裡我就不再累贅說明了。無論是心理幸福感，或是人生意義感，都闡述了人生目標對於幸福感的重要性。

當然，心理幸福感不只是人生目標，正如前段所述，eudaimonia是一種全面性的生活質量。所以，在心理學的心理幸福感模型中，除了目標外，都會量度其他於人生中的重要面向。Carol Ryff是美國威斯康辛大學麥迪遜分校的心理學教授，以她提出的「心理幸福感模型」（model of psychological well-being）而聞名。這一模型為幸福的研究提供了重要的理論框架。Ryff認為，傳統的幸福研究過於關注主觀幸福感，即個人的正面情感體驗和生活滿意度，而忽視了幸福的其他重要維度。她提出一個人的幸福不僅取決於主觀感受，還取決於其心理功能的健全程度。基於這一觀點，她提出了心理幸福感的概念，並確定了六個關鍵維度：

1. **自主性（autonomy）**：能夠獨立思考，不盲從社會壓力，按照自己的標準生活。

2. **環境掌控力（environmental mastery）**：能夠有效地管理生活，把握機會，創造適合自己需求的環境。

3. **個人成長（personal growth）**：不斷發展潛能，對新事物保持開放態度，認識到自我的不斷提升。

4. **積極人際關係（positive relations with others）**：與他人保持溫暖、信任和滿意的關係，能夠感受和表達愛。

5. **生活目的（purpose in life）**：有明確的人生目標和方向感，感受到當前和過去的生活都是有意義的。

6. **自我接納（self-acceptance）**：積極看待和接納自我，包括優點和缺點；對過去的生活持積極態度。

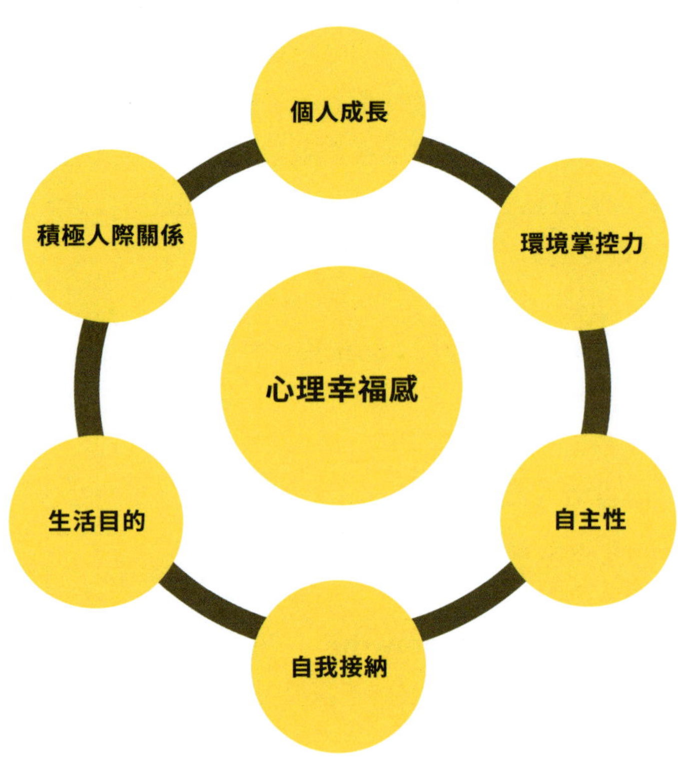

TEST：測試你的心理幸福感水平

Ryff認為，一個心理健康、真正幸福的人，應該在這六個維度上都有較高的表現。她和同事開發了「心理幸福感量表」（scales of psychological well-being），用於測量這六個維度。大量研究表明，這六個維度與個人的身心健康、社會功能和生活質量密切相關。大家可以回答以下問題，以1至7分作為答案，1分為非常不同意，7分為非常同意。

		非常不同意 ⟵						⟶ 非常同意
Q1	我喜歡我個性的大部分。	1	2	3	4	5	6	7
Q2	當我回顧我的人生故事時，我對迄今為止事情的發展感到滿意。	1	2	3	4	5	6	7
Q3	有些人在生活中漫無目的地徘徊，但我不是他們中的一員。	1	2	3	4	5	6	7
Q4	日常生活的種種要求常常令我感到沮喪。	1	2	3	4	5	6	7
Q5	在許多方面，我對自己在生活中的成就感到失望。	1	2	3	4	5	6	7
Q6	對我來說，維持親密關係一直是困難和令人沮喪的。	1	2	3	4	5	6	7
Q7	我只是過好每一天的生活，並不真正考慮未來。	1	2	3	4	5	6	7

		非常不同意						非常同意
Q8	總的來說，我覺得我能夠掌控自己所處的環境。	1	2	3	4	5	6	7
Q9	我擅長管理日常生活的責任。	1	2	3	4	5	6	7
Q10	我有時覺得好像已經完成了生命中所有該做的事情。	1	2	3	4	5	6	7
Q11	對我來說，生活一直是一個持續學習、改變和成長的過程。	1	2	3	4	5	6	7
Q12	我認為有一些新的經歷來挑戰我對自己和世界的看法是很重要的。	1	2	3	4	5	6	7
Q13	人們會描述我是一個樂於奉獻的人，願意與他人分享我的時間。	1	2	3	4	5	6	7
Q14	我很久以前就放棄了努力在生活中做出重大改進或改變。	1	2	3	4	5	6	7
Q15	我傾向於受那些有強烈觀點的人的影響。	1	2	3	4	5	6	7
Q16	我沒有經歷過許多溫暖和值得信賴的人際關係。	1	2	3	4	5	6	7
Q17	我對自己的觀點有信心，即使它們與大多數人的想法不同。	1	2	3	4	5	6	7
Q18	我根據自己認為重要的事物來評判自己，而不是根據他人認為重要的價值觀。	1	2	3	4	5	6	7

計分方法：

自主性分量表的題目是第15、17、18題。

環境掌控力分量表的題目是第4、8、9題。

個人成長分量表的題目是第11、12、14題。

積極人際關係分量表的題目是第6、13、16題。

生活目的分量表的題目是第3、7、10題。

自我接納分量表的題目是第1、2、5題。

第1、2、3、8、9、11、12、13、17和18題應該進行反向計分，因為這些問題是反過來問的。反向題的表述方向與量表測量的方向相反。如果你在第1題回答3分，你的答案應是5分；如果你填的是1分，答案就應是7分。將你在每個分量表題目上的答案相加，得分越高，表示心理幸福感水平越高。

Martin Seligman 的「幸福五要素」模型

除了Ryff外，在現代正向心理學研究中，以Martin Seligman[3]為代表的正向心理學家重新探討了eudaimonia的內涵和意義。Seligman提出，真正的幸福不僅包括主觀的快樂體驗，也包括客觀的、全面的生活質量，如積極的人際關係、人生意義、自我實現等。他的「幸福五要素」（PERMA）模型就是對eudaimonia的現代詮釋，其中包括積極情緒（positive emotions）、投入（engagement）、人際關係（relationships）、意義（meaning）和成就（accomplishment）五個方面。

積極情緒包括喜悅、感恩、希望、愛等各種正面情緒體驗。例如，當你收到一份期待已久的禮物時，你會感到非常高興；當你欣賞到大自然的美景時，你會由衷讚歎；當你與摯愛的人相聚時，你會感到溫暖和幸福。這些積極情緒能夠提升我們的心理健康，增強我們面對挑戰的韌性。Seligman鼓勵人們有意識地培養積極情緒，如通過「三好事」練習（每天寫下三件好事並反思）來提升感恩之心，通過冥想練習來獲得內心平靜，通過表達愛意來增進親密關係等。

投入是指全神貫注地參與某項活動，進入一種忘我的心流狀態（flow）。在這種狀態下，我們會感到時間飛逝，自我意識消失，完全沉浸在當下的體驗中。例如，一位鋼琴家在演奏自己喜愛的樂曲時，會完全融入音樂之中，忘記了外界的一切；一位運動員在挑戰自我極限時，會感到身心合一，超越了平日的表現。Seligman建議，為了獲得更多的投入體驗，我們應該發掘自己的優勢和熱情所在，並創造條件讓自己經常處於這種心流狀態。這可能涉及到選擇合適的職業、培養吸引人的愛好，以及學會在日常活動中尋找樂趣和挑戰。

積極、備受支持的人際關係是幸福的重要源泉。當我們與他人建立了深厚的情感聯繫，感到被愛、被支持和被理解時，我們會體驗到強烈的歸屬感和滿足感。例如，一個孩子在父母的呵護下茁壯成長，一對夫妻在彼此的支持下共度人生的起起伏伏，一群志同道合的朋友在追求共同目標的過程中建立了深厚友誼。Seligman提醒我們，良好的人際關係需要用心經營。我們應該學會表達愛與感激，學會傾聽與理解，學會在危難時刻給予支持與幫助。同時，我們也應該學會設定健康的界限，避免不良的人際互動模式。

意義感來自於對生命的目的和價值的理解。當我們感到自己是某個更大事物的一部分（自我超越，self-transcendence），為他人或社會做出了貢獻時，我們會感到自己的存在是有意義的。

例如，一位教師在幫助學生成長的過程中找到了職業的意義，一位環保主義者在為保護地球而努力的過程中找到了人生的意義，一位志願者在為弱勢群體服務的過程中找到了生命的意義。Seligman鼓勵人們積極探索和構建人生意義。這可能涉及到反思自己的價值觀和人生目標，尋找能夠體現這些價值觀的活動和角色，並在日常生活中不斷實踐。同時，我們也應該保持開放和彈性，因為人生意義可能會隨著時間和經歷的變化而發生改變。

而成就感來自於為了自身的成長和進步而努力，設定目標並為之奮鬥的過程。當我們克服困難，實現目標，看到自己的進步時，我們會感到強烈的滿足感和自我效能感（self-efficacy）。例如，一位作家在完成一部長篇小說後感到由衷自豪，一位運動員在打破自己的紀錄時感到極大的成就感，一位學生在掌握一項新技能後信心大增。Seligman建議，為了獲得更多的成就感，我們應該學會設定合適的目標，制定可行的行動計劃，在執行過程中保持耐心和毅力，並及時回顧總結經驗教訓。同時，我們也應該學會欣賞過程中的點滴進步，而不是只關注最終結果。

TEST：評估個人積極心理治療的量表

在量度幸福五要素中，我們可以運用由Seligman在2019年研發的積極心理治療量表（positive psychotherapy inventory, PPTI），請根據以下量表對自己進行評分並在空格中加上剔號。

		1（完全不像我）	2（不像我）	3（中性）	4（像我）	5（非常像我）
Q1	我感到快樂。					
Q2	我了解自己的優勢。					
Q3	我感到與經常互動的人有聯繫。					
Q4	我所做的事情對社會很重要。					
Q5	我是一個有抱負的人。					
Q6	別人說我看起來很開心。					
Q7	我從事能發揮我優勢的活動。					
Q8	我與親人感情親密。					
Q9	我覺得我的生活有目標。					
Q10	他人的成就激勵我採取行動來實現我的個人目標。					
Q11	我注意到生活中的美好事物，並心存感激。					
Q12	我利用自己的優勢來解決問題。					
Q13	在困難時期，總有人可以支持我。					
Q14	我參與宗教或精神活動。					
Q15	我在生活中完成了許多事情。					
Q16	我感到放鬆。					
Q17	在從事能發揮我優勢的活動時，我的注意力集中。					

Q18	我擁有支持我成長和茁壯的關係。					
Q19	我會為一些更宏大的事業或目標作出貢獻。					
Q20	當我設定一個目標時，我能夠實現它。					
Q21	我能開懷大笑。					
Q22	當我參與能發揮我優勢的活動時，時間過得很快。					
Q23	生命中至少有一個人能傾聽我，了解我的感受和我這個人。					
Q24	我用自己的優勢去幫助別人。					
Q25	實現目標激勵我去完成新的目標。					

計分方法：

將以下各維度的分數相加：

積極情緒：1、6、11、16、21

投　　入：2、7、12、17、22

人際關係：3、8、13、18、23

意　　義：4、9、14、19、24

成　　就：5、10、15、20、25

此量表也提供一個臨床臨界分數（cut-off score），如果你在各個維度的分數低於以下的臨界分數，你應該好好注意自己的精神健康，有需要時可尋求專業服務。

積極情緒：14
投　　入：16
人際關係：14
意　　義：14
成　　就：18

美好人生的三大支柱

每個人都想追求幸福，過一個美好的人生。美好的人生是怎樣的？在心理學的角度來說，好的人生由三個面向組成，分別是快樂的人生（happy life）、有意義的人生（meaningful life）和心理富有的人生（psychologically rich life）。

快樂

快樂人生就是指上述的主觀幸福感，也就是一個有享樂、生活滿意度高、好心情多過壞心情的人生。在這個維度中，金錢及財政上的成功能幫助我們很多。我們從小被灌輸一些關於金錢的概念，例如金錢是萬惡的、金錢不能買到快樂。這些概念並不完全正確。富裕的人生能夠為我們帶來便利、自主和選擇，它對我們過上滿意及舒適的人生尤其重要。我認為每個人都需要努力去進步，賺取財務上的成功，讓自己過上越來越舒適的生活。重點是，不要當上金錢的奴隸。如果當上金錢的奴隸，就像一直以來心理學的研究所說，物慾會令幸福感下降。從我和研究團隊發表在*Scandinavian Journal Of Psychology*一文中得知，物慾甚至和人生意義感呈負相關。金錢令人快樂，但過分著重金錢會被金錢綁架，毀滅你的快樂。

有意義

意義人生就是指上述的心理幸福感，它和目標、夢想、人際關係、成就感等有關。過上有意義的人生，最基本的是深刻了解自己，找到自己的自我身份，只有理解自己，才能理解自己的喜惡，有了自己真正喜愛及充滿熱誠的事，才會產生目標及夢想。一個有目標的人生，每天你都會清楚自己為什麼而活，而知道自己為了什麼而活就是人生意義的本質。

心理富有

人在物質上可以富有，在心理經驗上也可以富有。心理富有的人生是一個相對較新的概念，由心理學家Shigehiro Oishi和Erin Westgate在2021年提出。心理富有感、主觀幸福感和意義感並列，成為評估人生質量的三個維度之一。心理富有的人生指的是一種充滿多樣性（心理富有的人生包含各種不同類型的經歷，涉及生活的方方面面）、複雜性（這些經歷往往具有複雜的內在結構和豐富的情感色彩，需要個體投入更多的認知資源來處理和整合）、新穎性（心理富有的人生往往充滿了新奇、意外和驚喜的元素，挑戰個體既有的思維模式和行為方式）和挑戰性經歷的人生（這些經歷通常具有一定的挑戰性和難度，需要個體跳出舒適區，激發潛能，尋求突破）。這些經歷可能是積極的，也可能是消極的，但它們都為個體的心理世界提供了豐富的「材料」，使其更加複雜、微妙和有深度。

如何在心理上活得更富有？多參加不一樣的活動、多去世界不同的地方旅行遊歷、多做不一樣的工作、多讀不一樣的書、多交不一樣的朋友、多沉浸在嶄新的體驗之中，這樣，你的心靈便會更富有，你的人生便會更多色彩。

"Life is a journey, and if you fall in love with the journey, you will be in love forever."

Peter Hagerty

幸福感之源

相信各位讀者在讀完這一章後，對幸福感已有一定認識，現在就和大家一起重溫幸福之源有哪些，各位可以審視一下自己的生活，看看自己是否擁有幸福生活。

1. **在日常生活中有較多的正面情緒：**幸福的人往往體驗到更多的積極情緒，如喜悅、興奮、自豪等。這些情緒提升了生活質量，增強了樂觀和復原力。

2. **在日常生活中負面情緒較少：**幸福的人負面情緒較少，或者能更好地調節負面情緒。他們不會長期沉溺於憂鬱、焦慮、憤怒等情緒中。

3. **高生活滿意度：**幸福的人對自己的生活整體上感到滿意。這種滿意來自對生活現狀的接納和對未來的正面期望。

4. **對環境的掌控感：**幸福的人感到自己能夠有效地應對生活中的挑戰，塑造自己的環境。這種掌控感帶來安全和自信。

5. **良好的人際關係：**幸福的人擁有支持性的、高質量的社會連結。他們與他人的關係建立在信任、關懷和互惠的基礎上。

6. **自我接納：**幸福的人接納真實的自我，包括優點和缺點。他們對自己抱有同情和尊重，不過分苛責自己。

7. **能力感：**幸福的人相信自己有能力實現目標，應對挑戰。這種能力激勵他們不斷學習和成長。

8. **自主性：**幸福的人感到自己是生活的主宰，有自由做出選擇和決定。他們的行為源於內在動機，而非外部壓力。

9. **個人成長：**幸福的人將生活視為一個不斷學習、進步的機會。他們勇於嘗試新事物，挑戰自我，實現潛能。

10. **生活投入感：**幸福的人全心投入到生活和工作中。這種投入帶來心流體驗和成就感，豐富生命。

11. **人生目標及意義：**幸福的人感到自己的生命有方向、有意義。他們追求超越自我的目標，體驗到存在的價值。

12. **超越體驗：**幸福的人有超越日常經驗、事物本質、自我界限的時刻。這些體驗帶來靈性的提升和內在平安。

13. **身體及精神水平：**幸福的人身心健康，精力充沛。這種活力使他們能夠全心投入在生活的方方面面。

閱讀清單分享

Kaufman, S. B. (2021). *Transcend: The new science of self-actualization*. Penguin.

Seligman, M. E. (2004). *Authentic happiness: Using the new positive psychology to realize your potential for lasting fulfillment*. Simon and Schuster.

Seligman, M. E. (2011). *Flourish: A visionary new understanding of happiness and well-being*. Simon and Schuster.

Lo's Psychology（2020）。《改變人生的正向心理學 —— 尋找快樂，追求夢想》。香港：花千樹出版有限公司。

Lo's Psychology（2021）。《活得真累 —— 正向心理學給你的三把人生鑰匙》。香港：花千樹出版有限公司。

註釋

1. Ed Diener全名 Edward Francis Diener（1946-2021），是一位美國心理學家，因其在主觀幸福感領域的開創性研究而被譽為「快樂博士」（Dr Happiness）。Diener的研究主要集中在主觀幸福感方面。他提出了主觀幸福感（subjective well-being, SWB）的概念，認為個體的幸福感受可分為生活滿意度（即對生活的整體評價）和正負情感平衡（正面情緒體驗多於負面情緒）兩個部分。他與同事於1985年編制了生活滿意度量表（Satisfaction with Life Scale, SWLS)，該量表由5個項目組成，從1(非常不同意）到7(非常同意）作自我評分，目前已被廣泛應用於主觀幸福感的研究中。Diener被公認為當代最重要的幸福心理學家之一。他的研究工作極大地推動了主觀幸福感研究的發展，為理解幸福的本質提供了寶貴的理論和實證基礎。

2. 在心理學中，量表指的是一系列經過嚴謹統計學驗證的問卷題目，在發展一個量表的時候，研究人員需要收集實證數據，再根據適當的數據分析去衡量該份問卷的題目是否能真正準確地量度想要量度的特質（這個面向稱為效度，validity），以及是否能很可靠地產生答案（可靠性稱為信度，reliability，指測量工具或方法的穩定性、一致性和可重複性）。一份可靠的問卷必須是能夠將測量的結果重複地產生，並不會是每次填同一份量表，其產生的答案都會有很大差別。在心理學科學研究上，心理學家只會選擇運用經過統計學驗證的量表，亦即是有高度效度及信度的量表。這跟一般大眾在網上接觸的心理學資訊大不相同，一些在網上十分流行的測量性格的量表，如MBTI，就沒有令人滿意的效度及信度，所以在正式心理學研究的場景中，它是不被使用的。如果我們想運用量表測量性格的話，我們一般會使用Big-5量表或HEXACO量表。

3. 1942年8月12日Martin Seligman出生於美國紐約州奧爾巴尼市。Seligman早期的研究集中在「習得性無助」（learned helplessness）領域。通過一系列動物實驗，他發現當個體反覆經歷無法控制的負面事件時，會產生習得性無助，表現為消極、絕望和不願嘗試改變現狀。這一理論後來被應用於人類心理學研究，用於解釋抑鬱症的成因。20世紀90年代，Seligman的研究重心轉向正向心理學。他提出傳統心理學過於關注人類的消極面，如焦慮、抑鬱和精神疾病等，而忽視了人類的積極品質和潛能。他主張心理學研究應該更多地關注人類的優點、美德和積極情緒，探索如何幫助人們發揮潛能，提高幸福感和生活滿意度。1998年Seligman當選美國心理學會主席，他利用這一平台大力推動正向心理學的發展，呼籲心理學界重視個人和社會的積極因素，如樂觀、希望、勇氣、愛、寬恕等。在他的倡導下，正向心理學迅速成為心理學研究的熱點領域。Seligman提出了多個影響深遠的理論和概念，如「真實幸福理論」（Authentic Happiness Theory）、「幸福五要素」（PERMA）模型、「性格優勢與美德分類」（Character Strengths and Virtues）等。他的著作《真實的幸福》（*Authentic Happiness*）、《學習樂觀・樂觀學習》（*Learned Optimism*）等暢銷全球，成為正向心理學入門的經典讀物。Seligman還將正向心理學應用於教育、企業管理、軍事訓練等領域，開發了一系列提升個人和組織績效的策略和技巧，如「積極教育」（positive education）、「強項領導力」（strengths-based leadership）等。

性格強項

第二章

性格（personality）是心理學的一個核心概念，指個體在行為、情感和思維模式上的穩定特徵，這些特徵使每個人在不同情境下表現出一致性（consistency），並與他人有所區別（distinctiveness）。性格不僅反映了個體的內在心理結構，還包括與外界互動時的方式。從心理學的角度來看，性格是一種動態且多層次的結構，受到生物、心理和社會文化等多方面因素影響。遺傳基因或生物因素如大腦結構決定了性格的某些穩定基礎（temperament），例如有些人天生就性格比較穩定及沒有那麼敏感；但後天的環境、經歷和人際關係也會塑造並改變性格的表現。

性格的一致性

性格的一致性是指個體在不同時間、情境以及互動中，表現出穩定和可預測的行為、情感與思維模式的特徵。這種一致性是性格的核心特質之一，因為它使性格能夠作為解釋和預測個體行為的有效指標。例如，一個高度外向的人通常長年表現出外向的行為模式，即使隨著年齡和生活階段的變化，這種特質仍可能保持穩定；一個誠實的人無論是在家中、工作場所還是社交場合，通常都會展現誠實的特質；而一個具有高情緒穩定性的人，無論是作為父母還是同事，通常都能保持冷靜和理智。但這種一致性並不是百分百的，有時候性格的展現更加取決於情境。例如，一個平時溫和的人可能在極端壓力下表現出憤怒；一個內向的人在熟悉的環境中表現得更外向，而在陌生環境中則表現出本身內向的特質。而隨著年齡增長、生活經驗積累和重大事件（如婚姻、失業、喪親等）的影響，性格特徵也可能發生改變。

性格的獨特性

性格的獨特性指性格作為個體心理特徵的一個核心屬性，它強調每個人具有不同於他人的獨特行為模式、情感反應和思維方式，也就是說每個人的性格都是不盡相同。這種獨特性使得每個人在面對相同的情境時，表現出截然不同的反應，並且能夠區分出一個人與其他人的個體差異。每個人的性格是由多種特質組成的，而這些特質的組合方式在個體之間存在差異。例如，兩個人都可能具有外向性，但一個人可能同時具有高親和性和情緒穩定性，而另一個人則可能具有低親和性和高開放性。這些特質的獨特配置使得每個人都有自己專屬的心理特徵。

量度性格

性格可以通過不同的理論框架來分析和理解。例如，特質理論（trait theory）認為性格是由一組穩定的特質所構成，如「五大性格理論」（Big Five Personality Traits）將性格分為情緒穩定性（emotional stability；反面即為神經質，neuroticism）、外向性（extraversion）、親和性（agreeableness）、盡責性（conscientiousness）和開放性（openness to experience）五個維度。基於「五大性格理論」的基礎，近年心理學界也會用HEXACO理論模型去量度性格的六個面向，其中五個面向和「五大性格理論」基本相同，但增加了誠實－謙遜（honesty-humility）這一維度。

TEST：五大性格測試

以下是10題版本的五大性格測試，請在以下每句陳述旁邊圈出一個數字，以表示你對該陳述同意或不同意的程度。請以1至7的數字回應每個項目（1表示非常不同意，7表示非常同意）。

		非常不同意						非常同意
Q1	我認為自己是外向、熱情的人。	1	2	3	4	5	6	7
Q2	我認為自己是挑剔及愛爭吵的人。	1	2	3	4	5	6	7
Q3	我認為自己是可以依靠及自律的人。	1	2	3	4	5	6	7
Q4	我認為自己是焦慮及容易傷感的人。	1	2	3	4	5	6	7
Q5	我認為自己是對新事物開放及複雜難懂的人。	1	2	3	4	5	6	7
Q6	我認為自己是保守及安靜的人。	1	2	3	4	5	6	7
Q7	我認為自己是富有同情心及溫暖的人。	1	2	3	4	5	6	7
Q8	我認為自己是不善計劃及粗心大意的人。	1	2	3	4	5	6	7
Q9	我認為自己是冷靜及情緒穩定的人。	1	2	3	4	5	6	7
Q10	我認為自己是傳統及缺乏創意的人。	1	2	3	4	5	6	7

計分方法（R表示反向計分項目）：

將每個面向所屬題目的答案加起來，即是該面向的分數。

情緒穩定性：4R、9

外向性：1、6R　　親和性：2R、7

盡責性：3、8R　　開放性：5、10R

情緒性（**E**motionality）	這個特質反映一個人的情緒反應強度和敏感度。	高分者可能更容易焦慮、擔心，對壓力較敏感。低分者通常更加冷靜、自信，較少感到恐懼或壓力。
外向性（e**X**traversion）	這個特質衡量一個人在社交場合的活躍程度和自信心。	高分者喜歡社交活動，樂於與人交往，通常精力充沛。低分者可能更喜歡獨處，在社交場合較為安靜或保守。
親和性（**A**greeableness）	這個特質描述一個人與他人相處時的態度和寬容度。	高分者通常寬容、耐心、易相處，願意妥協。低分者可能更加固執、好爭辯，對他人的批評較敏感。
盡責性（**C**onscientiousness）	這個特質反映一個人的組織能力、紀律性和責任感。	高分者通常有條理、可靠、勤奮、注重細節。低分者可能較為隨性、不拘小節，有時會拖延或缺乏組織能力。
開放性（**O**penness to Experience）	這個特質衡量一個人對新經驗和創新思想的接受程度。	高分者通常具有好奇心、創造力，喜歡嘗試新事物。

上表見HEXACO模型其中五個面向的描述，它比五大性格模型多一個面向，稱為誠實－謙遜度（**H**onesty-**H**umility）。這個特質描述一個人的道德水平和正直程度。在這個面向中，高分者通常誠實、公平、謙虛、不會利用他人。低分者可能傾向於操縱

他人，對物質利益和社會地位更感興趣。如果大家有興趣用HEXACO測量自己的性格，可以掃描右方二維碼。

另外，近年市面上還興起一系列以類型來分辨性格的工具，最有名的當然是MBTI了，其在效度和信度的不足，以致它並不是一個可信的性格測量工具，詳見前作《別誤會，心理學不是這樣的——看透大眾心理學》。

性格強項理論

在2020年出版的前作《改變人生的正向心理學——尋找快樂，追求夢想》中提到，心理學在傳統上比較專注研究人的負面部分，例如負面情緒及精神疾病等。直到1998年的正向心理學運動後，心理學界才加快腳步加強研究人類的正面性（positivity）。正向心理學有一個核心概念：發掘及理解人類的正面性，能幫助我們專注在自身正向的部分，而當個體能加強自身的正向部分後，就能夠擁有幸福感更高的精神健康水平。所以，在性格這一門心理學學科中，正向心理學家在2000年初期也提出關於正向的性格理論，稱為性格強項理論（Character Strength and Virtue Theory）。

性格強項理論是正向心理學領域中的一個重要概念，由Martin Seligman和Christopher Peterson於2004年出版的里程碑式著作《性格優勢與美德手冊》（*Character Strengths and Virtues: A Handbook and Classification*）中提出。該理論旨在探索人類心理的積極面，聚焦於如何識別、發展和運用性格中的核心價值與強項，從而促進個人幸福感、增強生活滿意度，並改善人際關係。性格強項理論的基礎是「強項分類系統[1]」（VIA Classification of Strengths），這是一套基於哲學、宗教和心理學多學科研究的分類系統，旨在識別人類普遍存在的積極特質。該系統將性格強項分為六大「美德」（virtue）和二十四項具體的「性格強項」（character strength）。這些美德和強項理論上反映了跨文化和歷史的共通價值觀，並被認為是人類心理健康與幸福生活的基礎。

在強項分類系統中，六大美德包括：

1. **智慧與知識（wisdom and knowledge）**：與認知能力有關，代表個體追求知識、理解世界，並以創造性的方式解決問題的能力。
2. **勇氣（courage）**：與面對挑戰、困難或恐懼時表現出的行動力和堅持力有關。
3. **人道（humanity）**：與在人際關係中展現的愛與關懷有關。
4. **正義（justice）**：與促進社會和諧與公平有關，強調公共利益和團隊合作。

5. 節制（temperance）：與控制衝動、維持平衡生活有關。

6. 超越（transcendence）：與尋求生命意義、連結更大目標有關。

每個美德之下包含數個性格強項，總共加起來有二十四個。

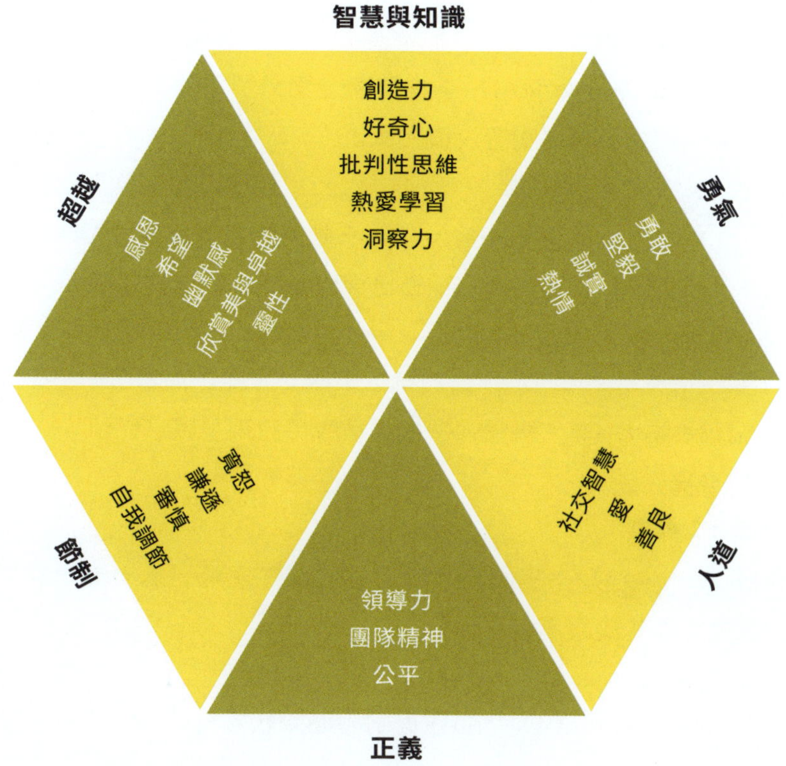

美德 1：智慧與知識

創造力（creativity）：指以新穎而有效的方法解決問題或完成任務的能力。創造力可以體現在藝術、科學或日常生活中。

好奇心（curiosity）：指對世界充滿興趣，樂於探索新事物和新經驗，並對未知保持開放態度。

批判性思維（judgment）：指能夠全面分析不同觀點或證據，並根據理性判斷做出明智決策。

熱愛學習（love of learning）：指主動追求學習新事物的興趣，並從中獲得滿足感。這種強項通常與學術或專業成就有關。

洞察力（perspective）：指能夠從宏觀的角度看待問題，並提供有益的建議或指導。這種強項通常與智慧和人生經驗有關。

美德 2：勇氣

勇敢（bravery）：指面對恐懼、冒險或逆境時，能夠堅守原則並採取行動的能力。

堅毅（perseverance）：指在面對阻礙或困難時，仍然堅持完成任務或實現目標的能力。

誠實（honesty）：指真誠地面對自己和他人，包括在行為、情感和思想上保持真實。

熱情（zest）：指以積極和充滿能量的態度面對生活，並全心投入每一件事。

美德 3：人道

愛（love）：指在親密關係中表現出關心、支持和情感交流的能力。

善良（kindness）：指樂於幫助他人的處世態度，並以無私的方式展現同情和關懷。

社交智慧（social intelligence）：指能夠理解和處理他人情感與動機的能力，並以適當的方式回應。

美德 4：正義

團隊精神（teamwork）：指在團隊或社群中，能以合作的方式共同追求目標，並為集體利益做出貢獻。

公平（fairness）：指在對待他人時保持公正，並避免偏見或歧視。

領導力（leadership）：指能夠有效地組織、激勵和指導他人，並幫助團隊實現共同目標。

美德 5：節制

寬恕（forgiveness）：指能夠原諒他人的過失，並選擇放下怨恨。

謙遜（humility）：指對自己的成就保持謙遜態度，並不誇耀自己。

審慎（prudence）：指能夠在行動前仔細考慮後果，並做出明智的選擇。

自我調節（self-regulation）：指能夠控制自己的情緒、行為和慾望，並保持自律。

美德 6：超越

感恩（gratitude）：指對生活中的美好事物心懷感激，並表達感恩之情。

希望（hope）：指對未來充滿積極期待，並相信美好結果的可能性。

幽默感（humor）：指能夠欣賞和創造幽默，並用幽默的方式來紓緩壓力或增進人際關係。

欣賞美與卓越（appreciation of beauty and excellence）：指能夠欣賞自然、藝術或他人表現中的美好與卓越之處。

靈性（spirituality）：指對生命的意義、目的及與更高力量的連結的追求。

TEST：測量你的性格強項——價值實踐（VIA）突顯優點調查

大家初步了解以上二十四個性格強項後，相信都會很想知道自己的強項是什麼。就像其他心理結構一樣，心理學也建立了測量性格強項的問卷工具，由於整份問卷有240條問題，填完需時大約40分鐘，所以我就不在本書詳細列明了。有興趣的朋友可以掃描以下二維碼，到賓夕法尼亞大學正向心理學中心網站填寫價值實踐突顯優點調查（VIA Survey of Character Strengths）。

筆者首五個性格強項

當大家填妥問卷後，系統便會分析你的首五個性格強項，而我的首五個性格強項如下：

Strength #1: Perspective wisdom - Although you may not think of yourself as wise, your friends hold this view of you. They value your perspective on matters and turn to you for advice. You have a way of looking at the world that makes sense to others and to yourself.

第一優勢：洞察力和智慧

儘管你可能不認為自己很有智慧，但身邊的朋友都對你抱持這種看法。他們重視你對事物的洞察力，經常向你尋求建議。你看待世界的方式能令他人和你自己都覺得合理。

Strength #2: Hope, optimism, and future-mindedness - You expect the best in the future, and you work to achieve it. You believe that the future is something that you can control.

第二優勢：希望、樂觀和未來導向

你對未來抱有最好的期待，並為之努力。你相信未來是可以由你掌控的。

Strength #3: Social intelligence - You are aware of the motives and feelings of other people. You know what to do to fit in to different social situations, and you know what to do to put others at ease.

第三優勢：社交智慧

你能夠察覺他人的動機和感受。你知道如何適應不同的社交場合，也懂得如何令他人感到自在。

Strength #4: Industry, diligence, and perseverance - You work hard to finish what you start. No matter the project, you "get it out the door" in timely fashion. You do not get distracted when you work, and you take satisfaction in completing tasks.

第四優勢：勤奮、努力和毅力

你努力完成每一項工作。無論是什麼項目，你都能按時「完成交付」。工作時你不會分心，並且在完成任務時感到滿足。

Strength #5: Creativity, ingenuity, and originality - Thinking of new ways to do things is a crucial part of who you are. You are never content with doing something the conventional way if a better way is possible.

第五優勢：創造力、獨創性和原創性

思考新的做事方式是你性格中至關重要的一部分。如果有更好的方法，你永遠不會滿足於用常規方式做事。

知道了自己的性格強項，又有何用？

無論我們想做什麼改變，第一步要做的是建立和提高對自己的意識（awareness），對自己的所有行為及思想具備洞察力，那樣我們才可以主宰自己的選擇及生活。例如當我們清楚認識到吸煙是對身體不好的時候，我們才會去戒煙；當我們發現對一件事抱著深深的懊悔，而認知到這種懊悔正逐步影響著精神健康時，我們才會選擇去寬恕，寬恕自己，或者寬恕別人。

所以，當我們了解到自己的性格強項以後，我們便可以加以利用和練習。練習性格強項被研究證實可以增加個人的幸福感，改善精神健康狀態，這正正是性格強項理論最重要的一環。那麼我們可以如何在日常生活中練習自己的性格強項呢？我為大家製作了以下列表，為每個性格強項配上了三個日常練習小建議。

Exercise：性格強項日常練習

1. 創造力

- ☐ 每天嘗試一種解決問題的新方法，例如改變日常工作流程。
- ☐ 設計一個小型DIY專案，例如手工藝品或家居裝飾。
- ☐ 寫下一個獨特的點子，用於解決社會問題或改善生活品質。

2. 好奇心

- ☐ 每天學習一個新知識點，例如閱讀一篇科普文章或了解一門新技能。
- ☐ 主動向朋友或同事詢問他們的興趣或經驗故事。
- ☐ 探索一處從未去過的地方，例如公園、咖啡館或博物館。

3. 批判性思維

- ☐ 閱讀一篇新聞報道並分析當中不同的觀點或潛在偏見。
- ☐ 在做決定前列出優缺點，並從多個角度思考可能的結果。
- ☐ 與他人討論某個問題時，嘗試理解並接納對方的觀點。

4. 熱愛學習

- ☐ 參加一個線上課程，學習一門新技能或知識領域。
- ☐ 每天花15分鐘閱讀一本非小說類書籍，例如歷史、心理學或科學。
- ☐ 報名參加一個線下講座或工作坊，擴展自己的知識面。

5. 洞察力

- ☐ 在朋友或家人遇到困難時，給予他們冷靜而全面的建議。
- ☐ 寫一篇關於自己人生經歷的短文，並總結出學到的教訓。
- ☐ 反思過去一個月的重大事件，並從中尋找積極的意義。

6. 勇敢

- ☐ 主動與一位陌生人交流，克服社交恐懼。
- ☐ 在會議或團隊中提出自己的觀點，即使存在爭議。
- ☐ 嘗試一個令自己感到不安的活動，例如公開演講或極限運動。

7. 堅毅

- ☐ 制定一個小目標並堅持每天完成，例如每天步行5,000步。
- ☐ 面對困難任務時，提醒自己最終的目標和意義。
- ☐ 記錄自己在遇到挫折時的成功經驗，作為未來的激勵。

8. 誠實

- ☐ 在與他人交流時，直接而真誠地表達自己的感受和想法。
- ☐ 每天反思自己的行為，確保它們符合內在的價值觀。
- ☐ 遇到錯誤時，勇敢地承認並尋求解決方案。

9. 熱情

- □ 每天嘗試一件令自己感到充滿活力的活動，例如晨跑或唱歌。
- □ 與朋友或家人分享自己對某項活動的熱情，並邀請他們一起參與。
- □ 設定一個會令自己感到振奮的目標，並全力以赴實現它。

10. 愛

- □ 每天對親密的人表達感激之情，例如說「謝謝」或寫一封感謝信。
- □ 主動關心家人或朋友的需求，並提供幫助。
- □ 與伴侶或朋友進行深度對話，增進彼此的了解。

11. 善良

- □ 每天做一件小善事，例如幫助同事或讓座予陌生人。
- □ 主動稱讚別人的優點，並真誠地表達欣賞。
- □ 作為志願者參加公益活動，為社區或弱勢群體提供幫助。

12. 社交智慧

- □ 在對話中觀察他人的情緒並以適當的方式回應。
- □ 主動與新同事或鄰居建立聯繫，並表現友善與熱情。
- □ 在團隊合作中，注意每個人的需求並協調分工。

13. 團隊精神

- ☐ 在團隊中主動承擔責任，並支持其他成員的工作。
- ☐ 為團隊目標而非個人利益做出決策。
- ☐ 與團隊成員定期交流，分享進展與挑戰。

14. 公平

- ☐ 在與他人合作時，確保資源分配的平等與合理。
- ☐ 面對衝突時，嘗試傾聽雙方觀點，並公平地處理問題。
- ☐ 遇到不公時，勇敢地提出反對並尋求改善方法。

15. 領導力

- ☐ 在團隊中主動帶頭完成重要任務，並激勵他人參與。
- ☐ 鼓勵團隊成員分享自己的想法，並給予支持和建議。
- ☐ 面對挑戰時，為團隊提供清晰的方向和解決方案。

16. 寬恕

- ☐ 反思某次受傷害的經歷，試著放下怨恨並尋求內心平靜。
- ☐ 每天提醒自己別人也會犯錯，並嘗試寬容對待他人。
- ☐ 主動與曾有矛盾的人和解或重建關係。

17. 謙遜

- ☐ 在團隊成功時，將讚美歸功於其他成員的努力。
- ☐ 接受批評並將其視為成長的機會。
- ☐ 花時間認識自己的局限，並向專業人士請教。

18. 審慎

- ☐ 在做重大決策前，列出所有可能的風險和機會。
- ☐ 制定長期計劃，並每天評估進展是否符合目標。
- ☐ 面對誘惑時，提醒自己短期快樂與長期利益的平衡。

19. 自我調節

- ☐ 每天記錄自己的情緒變化，並嘗試用冥想或深呼吸來緩解壓力。
- ☐ 制定每日作息表，並嚴格遵守時間管理。
- ☐ 面對困難情境時，暫停10秒再做出回應。

20. 感恩

- ☐ 每天寫下三件感恩的事情。
- ☐ 向一位曾經幫助自己的朋友表達感激之情。
- ☐ 每週給自己一個小獎勵，感謝自己努力的付出。

21. 希望

- ☐ 每天想像未來的美好可能性，並將其寫成目標清單。
- ☐ 與朋友分享自己對未來的夢想，並尋求支持與鼓勵。
- ☐ 當面對挑戰時，提醒自己過去克服困難的經歷。

22. 幽默感

- ☐ 與家人或朋友分享一個有趣的故事或笑話。
- ☐ 每天觀看一段令自己開心的幽默影片或節目。
- ☐ 在困難時嘗試用幽默的方式看待問題，減輕壓力。

23. 欣賞美與卓越

- ☐ 每天花5分鐘欣賞一幅藝術作品或自然景觀。
- ☐ 參加一場音樂會、展覽或任何能激發靈感的活動。
- ☐ 將自己目標中的某一部分做到極致，追求卓越。

24. 靈性

- ☐ 每天進行冥想或祈禱，與內心的平靜聯繫。
- ☐ 每天抽至少10分鐘閱讀啟發心靈的書籍或文章。
- ☐ 參與一個與靈性有關的社群活動，例如宗教或靜修活動。

每個人的性格中都一定有優點，亦一定有缺點。每個優缺點都有正反兩面，某些優點在一些情況下可以變成缺點，反之亦然。例如一個人的高度自主性可以是優點，因為他做的所有決定都是基於個人考慮，很少因他人意見及期望所左右。這種人一般都有清晰的目標及意義感，也因為有高度的自主性，所以幸福感一般較高。但這種高度的自主性對他身邊親密的人來說可能是一個缺點，因為他可能比較抗拒聽取別人的意見，會給人一種「頑固」的印象。另一個例子，有高度同理心的人十分關懷別人，這絕對是一個優點，但同時這種特質也會導致他對外部世界的刺激比較敏感，比較容易受到別人的行為或說話影響到內心的平靜。

性格強項理論告訴我們，除了要接納自己的弱點，還要嘗試去專注發展自己的性格強項，有著清晰認知後更要盡展所長，透過練習便能最大化這些性格強項帶給你的優勢，令你快樂、幸福及平安。

當我們專注於發展自己的強項，而非糾結於修補缺陷時，生命便會展現出更大的可能性。

閱讀清單分享

Niemiec, R. M., & McGrath, R. E. (2019). *The power of character strengths: Appreciate and ignite your positive personality*. VIA Institute on Character.

Lo's Psychology 編著（2022）。《別誤會，心理學不是這樣的 —— 看透大眾心理學》。香港：花千樹出版有限公司。

註釋

1. 在心理學和精神健康領域中，強項分類系統（VIA Classification of Strengths）和《精神疾病診斷與統計手冊》（*Diagnostic and Statistical Manual of Mental Disorders, DSM*）代表了兩種截然不同的分類框架。強項分類系統是正向心理學領域的重要成果，旨在識別和促進人類的正向特質，幫助個體發揮內在潛能，提升幸福感和生活滿意度。相比之下，*DSM*則是一個專注於心理病理學的工具，用於描述、分類和診斷心理疾病，幫助相關專業人士制定干預計劃。這兩者分別從正向心理與病理心理的視角出發。強項分類系統也是1998年後正向心理學運動的產物，彌補了心理學一直聚焦於心理病態的不足。

正向情緒

第三章

情緒有正面的，也有負面的，這點大家都清楚不已。然而，在現代心理學的發展過程中，正向情緒一直都沒有受到太多的重視，背後原因跟心理學一直奉行的「病態模型」（disease model）有關。負面情緒一直受到更多重視的原因在於，負面情緒與一個人的生存有關，而這是從演化心理學（evolutionary psychology）的角度來說的。面對大自然的威脅所產生的驚恐會推動你馬上拔足離開或勇敢迎戰，提高你生存的機會；因為懷疑自己有疾病而產生的焦慮情緒，會督促你去醫院做一個身體檢查，及早治療。

隨著正向心理學運動於1998年展開，正向情緒的研究才加速重回心理學者的眼中。正向情緒或許沒有像負面情緒那樣對生存起著關鍵的作用，但正向情緒除了為我們帶來一絲絲心靈上的觸動外，研究還發現，正向情緒的不斷累積是可以創造一波又一波的漣漪，改變自己的環境，改變自己的生命基調。這一章我會為大家介紹一個正向心理學的著名理論——擴展與建構理論（Broaden and Build Theory）。

擴展與建構理論——關於正向情緒能改變人生的理論

傳統來說，心理學一直認為負面情緒較正向情緒有更強的演化重要性，正如上述提到負面情緒對人類的生存更為重要。但這一觀念在2000年代初開始被一連串新的研究挑戰，其中不得不提的就是以心理學家Barbara Fredrickson[1]為首所做的一系列研究，其研究成果集結成一個著名理論——擴展與建構理論。

這個理論的重點在於闡述正向情緒（如快樂）對人類生命的重要性。雖然其重要性不如負面情緒一樣能幫助人們避開危險，但是正向情緒能擴闊一個人的思維，令到一個人的思維更加彈性及靈活，這被稱為擴展效應（broadening effect）。而當人生長久被正向情緒所縈繞的話，長遠來說身邊各種資源（如心理資源、人際關係上的資源）都會增加，這就是建構效應（building effect）。而資源的增加從質上改變了人們生活的環境，以更好的方式改變了人們的生命。看到這裡，你可能會覺得這個理論有點抽象及複雜，以下我以一個日常的例子去解釋我們的心情如何影響對生命的看法。

當一個人心情愉快時，他會感到視野更加開闊，能夠思考更多解決問題的方法；相反，當一個人處於極度沮喪的狀態時，他所看到的世界也會顯得灰暗，認知範圍受到限制，容易在思維上封閉各種可能性，導致他認為所有事情都無法實現。

那麼Fredrickson是如何收集數據去支持這個擴展與建構理論的？讓我們一起來看一看Fredrickson和學者Branigan在2005年發表於學術期刊*Cognition and Emotion*的經典實驗[2]。Fredrickson的擴展與建構理論假設，正向情緒（例如快樂、興奮、感激等）能夠促進認知的「擴展」，個體在面對不同情境（context）時能夠產生更多的想法與解決策略，也就是思維變得更為彈性靈活（flexible）及廣闊。相比之下，負向情緒（例如恐懼、憤怒、悲傷等）則傾向於縮小個體的注意範圍與認知靈活性，因為負向情緒通常與應對威脅有關，會促使個體集中注意力解決當前的問題。Fredrickson與Branigan的研究目的是通過實證研究，探討情緒與認知之間的這種關係。

擴展和收縮效應

Fredrickson與Branigan在2005年發表的研究採用了情緒誘發範式（emotional priming paradigm）[3]的實驗程序來控制參加者的情緒反應，並結合了認知任務來測量認知範疇的拓展。在這項實驗中，研究者招募了104名大學生作為參與者。研究者隨機將這些參與者分配到五個實驗組別，每個組別均接受不同的情緒誘發條件。這五個實驗組別分別為：

1. 快樂組（positive emotion: amusement）：參與者觀看一段滑稽的影片，例如一部令人發笑的喜劇短片，從而誘發參與者的愉快情緒。

2. 愉悅組（positive emotion: contentment）：參與者觀看一段令人感到平靜和滿足的影片，例如展示自然風景的短片，主要誘發參與者的愉悅情緒。

3. 恐懼組（negative emotion: fear）：參與者觀看一段令人感到恐懼的影片，例如一部驚悚電影的片段，旨在誘發負向情緒中的恐懼。

4. 憤怒組（negative emotion: anger）：參與者觀看一段令人感到憤怒的影片，例如描述不公平或挑釁情境的短片，旨在誘發負向情緒中的憤怒。

5. 對照組（control group: neutral emotion）：參與者觀看一段情緒中性的影片，例如片中只是敘述了日常生活的小事件，並無明顯情緒色彩。

由此可見，第一及第二組是正向情緒組，第三及第四組是負面情緒組，而第五組則是對照組。

當完成了情緒誘發階段後，實驗參加者進行了兩個主要實驗任務，包括全局—局部處理任務（global-local processing task）及思想—行動範疇任務（thought-action repertoire task）。

TEST：你關注的是整體還是細節？

全局—局部處理任務是一個檢測參與者專注力廣闊度（attention scope）的實驗程序。在全局—局部處理任務中，參與者會被要求觀察一系列的圖形，這些圖形由整體形狀（全局層次）和組成整體的細節形狀（局部層次）所組成。大家參閱右頁圖，你覺得A圖還是B圖更像對照圖呢？

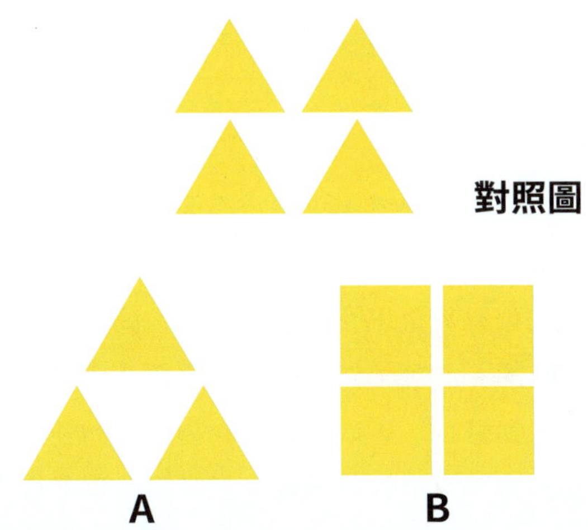

非常籠統地說，如果你覺得A圖跟對照圖在感覺上比較像，則代表你在此刻更傾向於局部信息處理（local feature processing），因為你較專注於組成對照圖的細節部分（組成對照圖的細節為三角形）。而如果你覺得B圖跟對照圖在感覺上比較像的話，則代表此刻你更傾向於全局信息處理（global feature processing），因為你專注的是整個圖像的結構（上二下二的結構），沒有太在意組成對照圖的細節（三角形），即是你專注的是較宏觀的資訊。

研究者會測量參與者對全局及局部信息的反應速度和準確性，並分析他們是否更傾向於全局處理（關注整體）還是局部處理（關注細節）。Fredrickson的研究表明，正向情緒能促進全局處理模式，而負向情緒則更容易導致局部處理模式。

你的情緒如何影響行動？

思想—行動範疇任務這項實驗任務的目的是測量情緒如何影響人們的思想與行動範疇。在Fredrickson的研究中，實驗參加者在觀看影片後，會被要求回答一個開放性問題，例如：「假設你現在有空閒時間，你會想做什麼？」參與者可以自由列出他們想做的事情（行動範疇），以及他們此刻想到的任何想法（思想範疇）。研究者隨後會計算參與者的回答數量與多樣性，作為思想與行動範疇的指標。

研究結果顯示，當參與者處於正向情緒狀態（如喜悅、滿足或愛）時，他們列出的思想與行動選項數量顯著增加，且內容更加多樣化。例如，他們可能同時想到「學習新技能」、「與朋友見面」、「運動」、「旅行」等多種選擇。而當參與者處於負向情緒狀態（如恐懼或憤怒）時，他們列出的思想與行動選項顯著減少，內容也更為單一。例如，感到恐懼的參與者可能只想到「逃跑」或「尋求幫助」，而無法考慮更多元的行動策略。

與全局—局部處理任務的結果相似，這表明正向情緒能拓展我們的注意力範疇，讓我們更能看到生活中的可能性，並激發創造性思維與靈活的行動計劃；而負面情緒產生時，例如在危險或壓力情境中，則會令注意力收縮，從而幫助我們集中精力應對威脅。

從以上兩個任務的結果中得知，實驗中的正向情緒組（快樂與愉悅）顯著提升了參與者的全局注意力偏好和思維清單中的選項數量，證實了正向情緒能夠擴展認知範疇，而這被稱為擴展效應。而負向情緒組（恐懼與憤怒）則表現出更多的局部注意力偏好和收窄的思維廣度，這又被稱為收縮效應（narrowing effect）。

Fredrickson及Branigan在2005年發表的文章解釋了我們在日常生活中的經驗，當我們心情好的時候，我們能夠以更宏觀的角度去看待自己、去看待問題，會覺得天空更大更藍，相信自己有更多可能性等。這種在思維上的靈活稱為認知彈性（cognitive flexibility），正向情緒能令我們的思維變得更富彈性，思維更加廣闊。認知彈性也和精神健康很有關係，因為認知彈性高的人在思考問題上較少會令自己困在死胡同，而是能夠從不同的角度看待問題，變相就較能保護自己，不被挫敗及憂愁長期影響，順利走出負面情緒的漩渦。

建構效應

正向情緒對擴展思維的影響一般都較為短暫。大家可以想像一下，雖然快樂的情緒真的能令我們將世界想得更大，辦法想得更多，但都只是那一瞬間的事。把天空想得再藍，它也會有日落的一刻；辦法想得更多，你也會有感到疲憊的時間。那麼正向情緒到底能為我們帶來一些什麼實質的改變呢？在Fredrickson的擴展與建構理論中，正向情緒的力量不僅在當下能擴展我們的注意力、認知與行為範疇，還具有一個更深遠的影響，即建構效應。正向情緒不僅令我們感到當下的幸福，還能在未來為我們的人生奠定更穩固的基礎。

正向情緒的累積能令你對自己的生命及周圍的環境產生不一樣的感觀，你會覺得你的生命是美好的，你是幸運的，慢慢就會更關注你遇到的人、遇到的事的好的一面，這種感知會令你長期增加各種資源，心理資源（psychological resource）是其中一種，由於累積下來的正向情緒培養了你的正向思想，你對自己更有信心，更相信自己能解決生活中的困難，促進自我效能感。而反覆體驗正向情緒能建立積極的心理基線，使我們在面對壓力或逆境時能更快速恢復。在社會資源（social resource）方面，正向情緒令你感受到別人的美好，而不只是看到人類醜惡的一面，這種想法令你更主動去拓闊自己的圈子，也更關心朋友，久而久之，

正向心理學是能夠改變人生的。

你的真心朋友便會越來越多，而從朋友圈子獲得的社會資源會與日俱增。在生理健康方面，眾所周知，情緒和健康息息相關，累積一定正向情緒能降低壓力荷爾蒙（如皮質醇），有助於提升免疫功能。跟人生很多事情一樣，這些資源雖然在短期內可能看不到直接的結果，但長期積累後因為複利效應的力量，將成為我們面對未來挑戰的重要基石，改變人生。

所以，大家也可以推想到，正向情緒的累積引致各種資源的累積其實是一個循環，稱為「正向循環」（upward spirals of positive emotion），就如下圖所描述的一樣。當我們經歷正向情緒時，會擴展思維與行為範疇，例如更願意嘗試新事物、主動與他人建立連結或探索新的方式解決問題；這些行為會帶來實際的成長，例如學習新技能、建立新的人際關係，或者提升自我效能感；隨著這些資源的累積，我們更容易觸發新的正向情緒，從而啟動下一輪資源建構的過程。

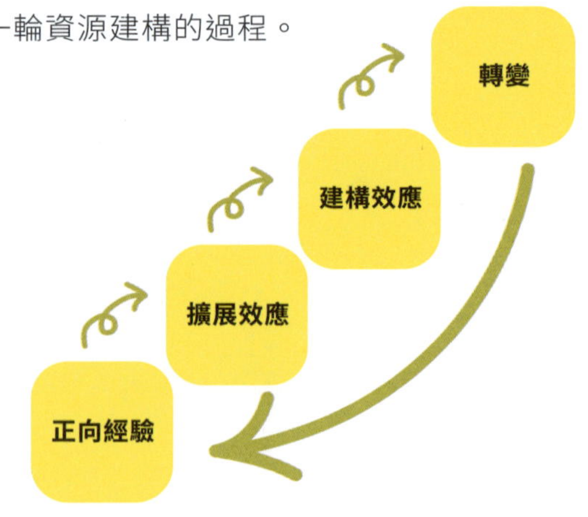

這種由正向情緒改變生命的例子在日常生活中比比皆是。例如一個上班族開始參加團體瑜伽課，並在課堂中結識了一群志同道合的朋友。每次參加課程後，他都感到心情愉快、壓力減輕。持續的參與不僅改善了他的身體健康（如提升心肺功能、減少壓力荷爾蒙），還有助他建立新的社交圈，增強他的社會資源。這些資源在未來可能有助他面對健康問題或壓力情境，甚至可能促使他嘗試更多健康的生活方式。又例如一名設計師因為某次成功的專案體驗到興奮和滿足，這種正向情緒令他對未來的挑戰充滿信心，並激發了他學習新設計軟件的動力（心理資源）。通過學習新技能，他提升了自己的專業能力，並可能因此獲得更多的職業發展機會。在未來即使遇到工作上的難題，他亦能從容應對，甚至可能因為新技能令他再次感受到成就感，進一步強化正向情緒。

正向思維會促進更多的正向思維，但第一步要靠自己。那位上班族如果沒去上瑜伽課，就不會認識到新朋友；那位設計師如果一開始不用心工作，就不會得到成功的專案體驗，也無法累積資源。僅是空想變得快樂沒有意義；如同人生中許多事情，我們必須先踏出第一步，才有機會令自己更快樂。

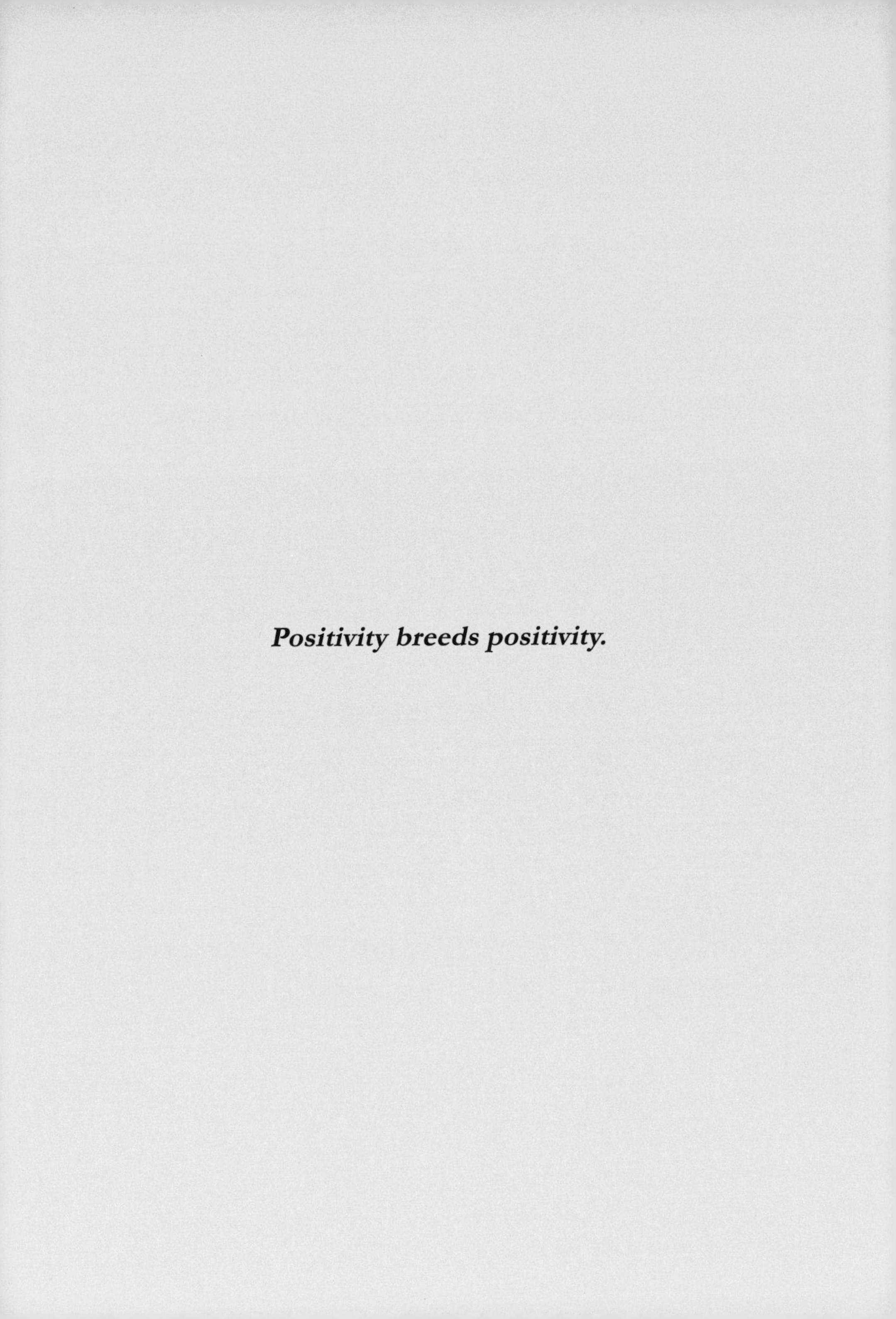

Positivity breeds positivity.

細味正向體驗，延續正向情緒

正向情緒的累積可帶來生命的變化，那麼細味正面的體驗則是一種令我們能延續正向情緒的藝術。細味，源於英文「savour」（品味、細細體會）。心理學上是指我們有意識地聚焦於生活中的正向經驗，並通過特定的策略來延長或加深對當下快樂的感受。細味這個概念告訴我們可以學習如何延續並放大那些幸福的時刻，令它們在我們的生活中發揮更深遠的影響。舉個簡單的例子，假設你是一個紅酒愛好者，每次嚐到好喝的紅酒時都感受到愉悅，你會找出各種充滿創意的方法去延續品味紅酒的愉悅，例如將不同的紅酒配上不同的食物，將紅酒的香氣用不同的方式呈現出來，這便是通過細味將這個正向經驗放大及變得持續。

心理學家Fred Bryant和Joseph Veroff是細味研究的開創者，他們將細味定義為「個體對正向經驗的有意識注意，並運用各種策略來增強、延續和深化這些正向經驗的情緒影響」。細味的操作關鍵在於：

1. 刻意的注意力：將心思集中於當下的美好體驗，而不是淺嘗輒止。

2. 情緒的放大：通過心理或行為策略，令正向情緒更加飽滿且持久。

例如，當你在品嚐一杯咖啡時，要做到細味的境界當然不能匆匆喝完，而是有意識地感受咖啡的香氣、口感和溫度，令這種愉悅感在心中流連更久。

而細味亦能用時間維度去理解。過去我們發生了許多事，對將來亦會作出不一樣的期望及計劃，因此，無論事情發生在過往、現在還是未來，我們都能一一細味。要細味過去，我們可以透過回憶來重溫美好的經驗，令過去的快樂再次浮現。例如，翻看一次難忘旅程的照片，或與朋友談論一次成功的專案，都能令過往的幸福感重新點燃。至於現在，我們應將注意力放在當下的正向經驗上，並有意識地感受這一刻的快樂。例如，仔細聆聽一段美妙的音樂，或全心投入一次愉快的對話。那麼細味未來呢？我們通過期待即將到來的愉快體驗來提升幸福感。例如，計劃一次旅行或期待一次聚會，這種對未來的正向預期本身就能令我們感到滿足。

當我們想去細味正向經驗時，記得要練習以下的策略，包括：感官聚焦、表達及分享，以及不要吝嗇慶祝。感官聚焦指的是充分利用五感來體驗當下。例如吃巧克力時，注意它的香氣、口感與融化的溫度，讓這些感官細節放大你的快樂感受。這一點和現在很流行的正念（mindfulness）概念相同，也是現代人最缺乏的能力。現代人非常忙碌，日常生活中往往都在進行多工處理（multi-tasking），例如邊看手機邊吃飯，邊坐巴士邊工作等。多工處理將你的大腦認知資源分散，令我們不懂感受食物的香，不能觀察乘車時的沿路風光，以致生活匆匆流逝。

細味也需要你去表達及分享。表達享受到正向體驗的感恩能放大幸福感。例如，對一個幫助過你的人表達感激，或者記錄那些令你感到幸運的事情，都能使你對生活中的美好更加敏感。細味也不只是你一人的事，將你的正向體驗與他人分享，在分享的過程你會不斷回想那些美好體驗並予以總結。現時社交媒體已成為各位生活中不可或缺的一部分，有讀者可能會問：「既然分享是細味的方法，那麼將自己的美好回憶上載到社交媒體上是不是一種好方法呢？」答案可以是，也可以不是。每做一件事是好是壞都取決於個人動機，而這個動機是什麼則只有當事人會知道。若然你將自己美好的生活上載到社交媒體上只是為了炫耀，那麼這未必是一種細味，長遠或許更會影響精神健康，因為這種炫耀其實是將個人價值感掛鉤到別人的認同上；但是，如果你將快樂經驗上載到社交媒體時，內心是反覆品味著各張相片及影像所記錄的回憶和體驗，那麼社交媒體便能成為你細味生活的寶物盒。

而最後的策略重點在於慶祝成就，這一點對很多亞洲人來說可能是最不習慣的，因為我們從小就被教育不要吹噓自己的成就，要保持低調，卻忽略了將成功或快樂時刻儀式化。為自己完成一個目標舉辦小型慶祝會，或在日記中記錄取得成就的一刻，使成功感更持久，而這種對成功感的細味能為你帶來更多成功。

Exercise：細味正向經驗

以下為大家準備了一個表格，簡單列出各種日常生活中出現的正向體驗及其細味策略，大家可以參考一下如何感受、表達和分享各種經驗。

正向經驗	細味方法
享用美食	• 慢慢品嚐，注意食物的味道、質地和香氣 • 暫停幾秒欣賞食物的外觀與擺盤 • 與朋友分享食物的美味感受 • 將享用美食的經驗寫下一篇文章，成為一名美食博主
與家人或朋友共度時光	• 專注於對話，記住彼此的笑聲和溫暖的表情 • 拍攝照片或短片，日後再回味 • 在心中感謝這些時刻的珍貴之處
完成一項挑戰或目標	• 慶祝成就，給自己小獎勵（如一頓美食或一段休閒時間） • 回想完成過程中的努力和學習 • 向他人分享你的成功
聆聽喜歡的音樂	• 合上眼睛，專注於每一個音符和樂器的層次 • 隨音樂輕輕擺動身體或哼唱 • 回想這首歌帶給你的特別回憶
感受愛與連結	• 擁抱對方時，專注於溫暖的觸感與彼此的情感連結 • 回憶與對方的共同記憶，並向對方表達感謝與愛

細味是幸福的放大鏡，

它讓我們得以真正擁抱生活的每一刻。

在擴展與建構理論中，Fredrickson提出了一個名為消除假說（undoing hypothesis）的核心概念，強調正向情緒在化解負向情緒及其生理影響方面的獨特作用。

消除假說——正向情緒可以蓋過壞情緒？

這一假說指出，正向情緒不僅能帶來愉悅感，還能「消除」因負向情緒而引發的心理與生理緊張反應，幫助個體恢復到一種平衡與放鬆的狀態。換句話說，正向情緒就像一股修復的力量，它能抵消負向情緒對我們身心的負面影響，並促進個體的心理韌性與生理健康。

負向情緒（如恐懼、憤怒或焦慮）通常會引發生理上的「戰鬥或逃跑」（fight-or-flight）反應，這是一種由交感神經系統啟動的壓力反應（stress response）。例如，當我們感到恐懼時，心跳加快、呼吸急促、肌肉緊繃，這些反應有助我們在面對危險時快速行動。然而，當負向情緒持續存在，這些生理反應可能會對健康造成損害，例如導致慢性壓力、心血管疾病或免疫功能下降。Fredrickson的消除假說認為，正向情緒（如喜悅、感恩、愛或滿足）能夠對抗並化解這些負面影響。正向情緒會啟動副交感神經系統，促進放鬆反應（relaxation response），從而幫助我們從緊張狀態中恢復過來。這種「消除」的過程不僅是心理上的修復，還包括生理層面的平衡重建。

Fredrickson及其研究小組在一項經典實驗中，直接驗證了消除假說的效應。在這項研究中會利用情緒誘發範式，首先誘發出參與者強烈的負向情緒（例如觀看會引發恐懼的影片），以激活他們的生理應激反應（如心跳加快及血壓上升）。隨後，研究者將參與者隨機分配到四個不同的情緒誘發條件下，分別觀看不同的影片：能誘發正向情緒（喜悅）的滑稽影片，如令人發笑的喜劇片段；誘發正向情緒（滿足）的影片，如平靜的日落或湖泊等自然場景影片；不會誘發特別情緒的中性影片，例如描述日常情境的紀錄片；以及誘發負向情緒的影片，例如記錄自然災害或人為災難的影片。

研究結果顯示，觀看能誘發正向情緒的影片（如喜悅或滿足）的參與者，其心血管活動（如心率與血壓）更快恢復到基線水平；而在中性情緒或持續負向情緒的條件下，參與者的恢復速度則顯著較慢。這表明，正向情緒能有效「消除」負向情緒所引發的生理緊張狀態，並促進心理與生理的快速修復。

消除假說的價值不僅限於理論層面，更在於其對日常生活的啟發。我們每個人都會面對壓力或負向情緒的挑戰，而正向情緒可以成為我們應對這些挑戰的關鍵資源。當你經歷了一場緊張的工作會議或困難的考試，事後與朋友一起看一部令人發笑的喜劇電影或聆聽你喜歡的音樂，可能會快速化解壓力所帶來的生理緊張，幫助你恢復到平靜的狀態。又或在一天結束時，練習記錄三件讓你感恩的事，例如今天的好天氣、友人的支持或一次成功的小挑戰，這些看似簡單的行為可以啟動正向情緒並對抗日常壓力。與親密的人擁抱、微笑或進行深度交流，這些行為能激發愛與親密感，進一步促進心理與生理的平衡，幫助我們從負向情緒的影響中走出來。

Happiness is a conscious choice.

3:1的黃金比例

那麼正向情緒和負面情緒之間的抵消作用能被量化嗎？多少份的正向情緒能抵消掉一份負向情緒？基於這個問題，Fredrickson和Losada提出了一個具有深遠影響的概念，稱為3:1臨界比率（critical ratio），也被稱為正負情緒比率（positivity ratio）。這一比率指出，個體在日常生活中需要至少比負向情緒多三倍的正向情緒，才能維持心理健康與良好的運作狀態。如正向情緒對負向情緒的比率為2:1，則個體有著普通的情緒狀態水平；如比率小於1:1，則個體的情緒狀態需要特別關注。這個比率不僅在個人幸福感的研究中具有重要意義，也被廣泛應用於團隊合作、婚姻關係以及心理治療等領域。

Fredrickson和Losada的研究中，通過分析不同情境下的情緒比率，發現了以下關鍵結論。在一項實驗中，參與者需要記錄日常生活中的情緒狀態，以便研究員計算正向與負向情緒的比率。結果顯示，那些正向情緒比率高於3:1的參與者，通常表現出更高的幸福感、更強的心理韌性和更有能力應對壓力。而比率低於3:1的人則更容易感到壓力、倦怠，甚至出現抑鬱症狀。Losada的研究進一步將3:1比率應用於團隊合作的研究中，他發現正向情緒比率高於3:1的團隊，通常具備更高的創造力、更好的溝通效果，以及更高的生產力。而那些比率低於3:1的團隊則往往陷入衝突、低效和停滯。專注於關係研究的心理學家John Gottman的婚姻研究也支持了類似的情緒比率概念。他發現，幸福且穩定的婚姻中，夫妻之間的正負情緒互動比率約為5:1，即每一次負面的互動（如爭吵或批評）需要五次正面的互動（如讚美、支持或幽默）來維持健康的關係。

那這個比率是不是越高越好呢？如果三次好情緒能蓋過一次壞情緒，而這樣對我們是大有裨益的話，那麼我們用二十次好情緒去蓋過一次負向情緒，豈不是會帶來更大的益處？然而，這種直線思維是不對的，世間萬物，平衡為之美，快樂不能刻意執著地去追求，不然盲目追求快樂會令人走火入魔，令快樂反而變成你生命中的枷鎖，甚至成為一股壓力，無法真正享受它為你帶來的益處。而Losada的研究也證實了這一點，過高的正負情緒比率（如11:1）會為精神及情緒健康帶來壞影響。例如過度不切實際的樂觀（unrealistic optimism）會令個體忽略潛在危機；過度的自我感覺良好也會造成自我膨脹，不利人與人之間的關係。

儘管3:1比率的理論具有深遠的影響，但它也受到了一些批評。後續研究指出，Losada在計算比率時的數學模型存在爭議，其普遍適用性可能被高估。此外，正向情緒的「質量」可能比「數量」更為重要，正如上述提到過度追求正向情緒的累積（例如壓抑負向情緒）可能適得其反。然而，Fredrickson本人也強調3:1比率並非一個「固定法則」，而是一個指導性的目標。真正的重點在於學會平衡正負情緒，並有意識地培養更多的正向情緒。

正向情緒是好，但不能盲目追求

快樂是重要，但不要盲目追求快樂，這樣只會本末倒置。

現今社會大眾對精神健康十分關切，在社會各個面向中，我們都宣揚著「快樂就是好」的信息。例如在學校中我們不難發現很多中小學都在推動正向教育（positive education），在職場中很多宣揚正向心理學的研究及講座都很受歡迎。宣揚正面信息，對社會無疑是好的，但有時候太多及過量的正面信息可能會適得其反。例如，過多的正向信息可能會令人盲目追求快樂，以為所有負面的情緒都是不應該產生的。又例如各界人士可能盲目追求快樂，在推行正向教育等項目時急功近利，只著重表面的意思，卻沒有理解到理念的核心，就像武俠小說中的主角只練外功卻對內功一竅不通，這樣子的武學修為不會高，甚至還會走火入魔。

心理學家Tamir及其同事在2017年發表於*Journal of Experimental Psychology: General*的一篇研究文章或許能為我們帶來一些啟發。這篇文章提出了一個嶄新的觀點：人們的幸福感不僅來自於「感覺良好」（feeling good），還可能來自於「感覺正確」（feeling right）。

為了探討「感覺正確」能否帶來幸福感，這項研究探索了一個重要的問題：我們是否需要感受「適合當下情境」的情緒（無論是正向還是負向），以提升我們的幸福感？ 也就是說，只要我們感受到的情緒跟情境相符，那就對我們的幸福感有裨益。用最簡單的語言來說，該快樂時快樂，該傷心時傷心；不要在該快樂時抑壓自己不要去慶祝，不要在傷心的時候假裝快樂，這樣誠實地表達自己的情緒，才是最有利情緒健康。

傳統的幸福研究普遍認為，正向情緒是推動幸福感的主要因素，而負向情緒則會損害幸福感。然而，Tamir等人認為，這種單純將正向情緒等同於幸福的觀點可能過於片面。Tamir及團隊問了兩個主要問題：

1. 人們是否可以通過體驗符合情境需求的負向情緒（如憤怒或悲傷）來提高幸福感？

2. 當人們的情緒與其價值觀、個人目標或情境需求相匹配時，是否能提升他們的幸福感？

為了回答這些問題，Tamir等人進行了六項實驗研究，當中涵蓋不同的文化背景（包括美國和以色列），並使用多種方法檢驗「感覺良好」與「感覺正確」對幸福感的影響。Tamir等人的研究結果表明，幸福感的來源並不僅僅是正向情緒的累積，還包括情緒與情境需求，或與個人價值觀的匹配程度。當個體的情緒狀態與其價值觀或目標相符時，即使是負向情緒（如憤怒、悲傷），也能促進幸福感。例如，在需要捍衛自己權利的情境中，感受到憤怒可能比感到快樂更能令人覺得滿足，因為憤怒是「適合」該情境的情緒。在實驗中，當參與者的實際情緒與他們「希望感受到的情緒」一致時，他們的幸福感顯著提高。這說明，幸福感並非單純來自於愉快的情緒，而是來自於情緒的「適配性」（fit），即感覺這種情緒是「正確的」。而在某些情境中，負向情緒甚至能發揮重要的適應性功能，例如上述關於憤怒的例子，又或在面對喪親時浮現的悲傷情緒能幫助人們處理情感，並與他人建立支持的連結。當個體感受到這些負向情緒「符合情境需求」時，他們的心理健康狀況反而更佳。

Tamir的這項研究挑戰了傳統心理學中「正向情緒越多，幸福感越高」的觀點，並引入了「情緒適配性」的新維度。研究強調了情緒的功能性，即每種情緒（包括負向情緒）在適當的情境中都具有重要價值，而幸福感的提升也與情緒是否符合情境需求有關。Tamir及團隊的這項研究也令我們反思什麼是快樂。快樂是重要的，但不能盲目追求快樂而去壓抑負面情緒，我們應該學會接受自己的負向情緒，並意識到它們在特定情境中可能是有價值的。例如，適度的焦慮可能有助提高準備程度和行動力，孤獨感也可能促使我們認清自我身份。這種反思能幫助我們更好地理解自己，並調整情緒以提升幸福感。

儘管本章主要介紹正向情緒的好處，但大家切勿就此誤會正向心理學就是一種「心靈雞湯」，只管叫別人快樂的學科。這絕對是一個天大的誤解。作為一個正向心理學的學者，我會說，每個人要活得完整，正向情緒或經驗從來都只是其中一環，我們還有很多負面情緒需要去接受、處理、消化及學習。人一旦能為自己的好而喝采，同時坦然接受、理解並努力改進自身的陰暗面，就能做到不卑不亢，踏上正向人生旅途的起始點。

快樂就和金錢一樣，若然你「太過努力」去追求，它們反而有可能成為影響你內心平靜的壓力源，你會變得患得患失，時常在抱怨：「為什麼我已經這麼努力按著心理學方法去『訓練』自己，快樂卻沒有到來？」正向情緒如快樂一樣，不能去追，它其實「只是」內心平靜的一種副產品，內心平靜了，真正的快樂便自然會到來。而內心平靜是一種人生旅途的修為，這需要時間、經歷、學習、反思、洞察力及智慧。而正向心理學就正正提供了各種各樣令我們變得更平靜的知識及科學理解。

閱讀清單分享

Bryant, F. B., & Veroff, J. (2017). *Savoring: A new model of positive experience*. Lawrence Erlbaum Associates.

Fredrickson, B. (2010). *Positivity: Groundbreaking research to release your inner optimist and thrive*. Simon and Schuster.

註釋

1. Barbara Fredrickson是現代正向心理學領域最具影響力的學者之一，她的學術生涯致力於探索人類情緒的深層機制和正向心理學的發展。她最廣為人知的學術貢獻是「擴展與建構理論」，這一理論深入闡述了積極情緒在人類心理發展中的關鍵作用。與傳統觀點不同，Fredrickson認為積極情緒不僅是一種愉悅體驗，更能夠擴展個人的認知範圍，幫助建立長期的心理資源和適應能力。她的研究證明，像是喜悅、興趣、滿足等正面情緒能夠擴展思考模式，增加個人的創造力和社交連結能力。她的著作*Positivity*不僅在學術界產生巨大迴響，也受到大眾讀者的歡迎。在書中，她系統性地闡述了為什麼保持積極心態對個人成長和幸福感如此重要。她提出了一個論點：保持適當比例的正面情緒（大約是負面情緒的三倍）能夠顯著提升個人的心理韌性和整體生活品質。

2. 擴展與建構理論和其他理論一樣都是基於長達數十年的研究成果集結而成，絕不只是基於一兩份文章的研究成果。當然理論之所以叫理論是因為理論的應用性是有限的，每個理論都只能應用在某一個限定的情境之下。而本書闡述此理論時只引用這篇研究文章的目的純粹是為了方便讀者去理解其精髓，不代表這篇研究文章的內容就涵蓋了擴展與建構理論的所有要點。

3. 情緒誘發範式（emotional priming paradigm）是一種常用的心理學實驗方法，理論上旨在透過控制情緒刺激使參與者進入特定的情緒狀態，從而探討情緒對認知、行為或生理反應的短暫影響。在實驗中，研究者會利用精心設計的材料或情境來引起參與者的情緒反應，並觀察這些誘發的情緒如何改變他們的表現或決策。這種範式特別常用於社會心理學的研究中，因為它能夠系統化地操縱情緒變數，幫助研究者了解情緒在不同層面中的作用。例如，研究者可能希望了解正向情緒會否促進創造力，或了解負向情緒會否影響決策風險偏好。情緒誘發範式的核心在於「誘發」參與者的目標情緒狀態，研究者需要選擇能有效激發目標情緒的刺激材料，例如影片、圖片、音樂、故事敘述，甚至是虛擬實境（VR）情境。在情緒誘發後，研究者會使用自我報告量表或生理測量（例如心率變化、皮膚電反應）等來驗證參與者是否成功進入目標情緒狀態。在誘發情緒後，參與者會完成研究者設計的任務，例如認知測試、問題解決或社會判斷等。研究者記錄參與者在不同情緒條件下的表現差異。雖然此標準實驗程序被廣泛應用於社會心理學中，近年卻遭受眾多抨擊，主要在於它的可重複性（replicability）很低，很多運用該實驗方法的研究到後來都不能被重複，但這就是另一個故事了。

希望

第四章

常常聽別人說，人生必須依靠希望來支持。希望是一種對未來可能性的憧憬，當一個人知道他的未來可期，當下的生活他可能便會更加用心；反之，當個體在主觀情感上覺得他無論做什麼，未來都不會有太大的改變的話，他在當下的生活便會缺乏動力。現時廣泛流傳的「躺平」觀念，可能就是由於人們對未來失去了希望，對未來失去了一種「企圖心」，覺得無論自己如何努力上進，也不能改變自己在社會上的地位，這是一種「習得性無助」（learned helplessness）的表現（關於「習得性無助」的概念，本章稍後部分會詳述）。

能預計的未來給予我們一種安全感，希望就是讓我們能預計未來會變得更好。這一章我會介紹關於希望這個心理建構，以及有什麼方法可以增加人生的希望。

心理學中的希望理論

心理學中的希望理論（Hope Theory）由正向心理學先驅C.R. Snyder[1]開創及發展。希望在心理學的定義為個體對於未來目標可以達成的期望。在這個定義中，我們可以理解希望是「未來導向的」，是「關於目標設定的」，是關於「達成目標的」，是關於「一種正面的期望」。所以，心理學中的希望理論強調理解如何設定適合的目標，以及了解如何達成這些目標。

在理解這個希望理論之前，我想邀請大家填一填以下的未來量表（The Future Scale），量化一下自己性格上對未來的希望值是高或低。

TEST：未來量表

請仔細閱讀以下量表的每一項，並以1至8分代表你覺得每一項有多符合你的特質（1分代表完全不符合你的特質，8分代表完全符合你的特質），圈出最能形容你的數字，以表明對該項的同意程度。

		完全不符合我的特質 ⟵							⟶ 完全符合我的特質
Q1	我能想到許多方法來擺脫困境。	1	2	3	4	5	6	7	8
Q2	我會充滿活力地追求我的目標。	1	2	3	4	5	6	7	8
Q3	大部分時間我都感到疲倦。	1	2	3	4	5	6	7	8
Q4	任何問題都有很多解決方法。	1	2	3	4	5	6	7	8
Q5	我在爭論中很容易被打擊。	1	2	3	4	5	6	7	8
Q6	我能想到許多方法去獲得生活中對我重要的事物。	1	2	3	4	5	6	7	8
Q7	我擔心自己的健康。	1	2	3	4	5	6	7	8
Q8	即使其他人感到氣餒，我也知道我能找到解決問題的方法。	1	2	3	4	5	6	7	8
Q9	我過去的經驗為我的未來做好了充分的準備。	1	2	3	4	5	6	7	8
Q10	我在人生中相當成功。	1	2	3	4	5	6	7	8
Q11	我通常會發現自己在擔心某些事情。	1	2	3	4	5	6	7	8
Q12	我會實現自己設定的目標。	1	2	3	4	5	6	7	8

計分方法：

上述量表分為「方法」和「意志」兩部分去計算分數。

方法分量表（pathways subscale，即塑造未來的方法）：包括題目 1、4、6、8。將這四題的分數相加，即代表你的方法分量表的分數。

意志力分量表（agency subscale，即塑造未來的意志力）：包括題目 2、9、10、12。將這四題的分數相加，即代表你的意志力分量表的分數。

每個分量表的總分範圍為4分至32分，根據研究數據，若分量表的分數低於24分即為低，高於24分即為高。

如果將這8題的分數相加，則是你的總希望指數。總希望指數的總分範圍為8分至64分。根據研究數據，若總希望指數低於50分即為低，高於50分即為高。

至於其他題目（如第3、5、7、11題）作為「沒有用的填充題」（filler items），不用於量化個體的兩個量表，旨在隱藏量表的真正目的，所以它們的分數可以忽略。

Snyder的希望理論模型可以用三個英文字母代替——GPA，GPA加在一起就等於希望（hope）。

G：Goal（目標）
P：Pathway（達成目標的方法及途徑）
A：Agency（心態）

這三個英文字對大學生來說是十分熟悉的，GPA（grade point average）就是他們的成績平均績點，GPA等同於希望，這和大學生對GPA的重視是一致的呢。

G（Goal，目標）

在希望理論中，目標在於探討我們能如何更有效地設定目標。我相信大家都熟悉什麼是設定目標，尤其到年末年始的時候，基於「一年之計在於春」、「去舊迎新」的固有概念，我們都喜歡摒棄舊我，迎接新我，在年末訂下一個又一個新年目標，讓自我主觀感覺上充滿「希望」，但大家可以評核一下自己的表現，有多少目標你是可以達成的？又有多少目標其實到最後不了了之？

能否達成目標，第一步在於懂不懂得去設定目標，懂得設定目標才能令達成目標的機率提升，在更好地設定目標這一課題上，這裡我會介紹三種方法框架，分別為SMART、OKR，以及心理學家Edwin Locke的目標設定理論（Goal Setting Theory）中提及的方法。

設定目標要SMART！

相信大家都很清楚，SMART的中文意思是聰明伶俐。那麼我們要如何更聰明地設定目標呢？其中一個方法就是跟著SMART這五個英文字母去做。

Specific（具體明確）：設定目標應該清晰、具體，不能含糊不清。例如，與其說「我要變得更好」，不如說「我要在未來三個月內每天閱讀30分鐘心理學相關書籍」。

Measurable（可量度）：目標應該可以量化或有明確的標準來評估進展，不然的話你也不清楚你做得好還是不好。例如，「我要減重」這樣的目標太模糊，改為「我要在三個月內減掉五公斤」則更具可衡量性。

Achievable（可達成）：目標應該是具挑戰性但仍然可行的。如果設定的目標過於困難，可能會導致挫折感；反之，太容易的目標則缺乏激勵作用。例如，若一個學生平時不運動，直接設定「一個月內跑完馬拉松」可能不切實際，改為「每週慢跑三次，每次30分鐘」較為合理。

Relevant（相關性）：目標應該與個人的長遠計劃或價值觀相關。例如，若你的長期職業目標是成為心理學家，那麼「每週閱讀一篇心理學研究論文」會比「學習如何寫程式」更相關。每個人工作或學習的動機其實都來自於主觀情感上和自己相關的東西，跟自己有關的，你便會格外用心及感到激勵；和自己關係不大的東西，一般我們都不會去留意。

Time-bound（有時限）：目標應該有明確的時間限制，以確保行動計劃不會無限拖延。例如，「我要在六個月內完成心理學研究計劃」，這樣的設定能幫助你確保有時間壓力，提升執行力。

各大科技巨企都在用的目標設定法：OKR

OKR（Objectives and Key Results）指的是目標與關鍵結果。這個概念最早由Andrew Grove在Intel公司發展，後來由John Doerr推廣，並被Google、LinkedIn、Amazon等頂尖企業廣泛採用。這個目標設定方法雖然較常見於商界而非心理學界，但由於它近來備受推崇，所以我也想藉此機會分享給大家知道。

OKR由兩個部分組成：分別是O（Objectives，目標）及KR（Key Results，關鍵結果）。

在OKR中，目標應該是具體、有挑戰性且鼓舞人心的。「具體」這個要求跟SMART中的要求是一樣的，目標必須夠詳細夠具體，一個模糊的目標其實代表著自己也不是太了解自己想做的事情，又或者自己根本沒有花時間去細想自己的需要，才會令到目標模糊。既然自己也不了解自己的需求，那麼達成目標的機率當然較小。

OKR中的目標設定除了要明確具體外，最重要的是它能夠帶來價值或變革（transformation），帶來主觀情感上的變革是SMART中沒有的元素。例如，「提升學生對心理學研究方法的興趣」是一個激勵人心的目標，而不只是「教完心理學研究方法這門課」；又例如在經營自己的研究及社交媒體事業時，我在OKR框架下的目標會是「提高研究生產力」及「提高Dr Lo Psychology的知名度」，而不是「我今個月要遞交一篇論文」或是「我今個月要發佈三篇網絡文章」。前者的目標有主觀價值，後者的目標則只有冷冰冰的客觀上的標準。

關鍵結果其實就是在達成該目標下你要做到什麼事情，比起目標更為具體。在OKR這套理論系統中，每個目標應該搭配二至五個可衡量的關鍵結果（不可太多，太多就代表你的目標其實不太清晰），用來判斷目標是否達成。關鍵結果應該是具體、可衡量、可驗證的，並且具有挑戰性（這些特徵和上述的SMART，以及之後會闡述的目標設定理論會有重疊的地方）。例如，針對上述目標（提升學生對心理學研究方法的興趣），關鍵結果可以是：

- 在本學期結束前，學生對研究方法的滿意度提升20%（根據期末問卷調查）。
- 班上80%的學生能夠正確設計一項心理學實驗，並撰寫基本的實驗報告。
- 開設三場額外的心理學研究方法工作坊，至少五十名學生參與。

你可能會發現OKR與SMART的原則（具體明確、可量度、可達成、相關性、有時限）有些相似，但它們有幾個關鍵區別：

1. 在OKR中的目標有更多在主觀情感上的意義，是比較抽象的。而SMART原則下的目標則都是客觀的。

2. 在OKR中的關鍵結果跟SMART原則下的目標更相似，但在OKR中的關鍵結果較追求挑戰性。

3. OKR中的關鍵結果追求挑戰性，所以OKR是接受60%至70%的達成率，甚至視70%的達成率為最佳。太低的達成率代表著關鍵結果太困難，太高的達成率則代表關鍵結果太簡單。

Edwin Locke的目標設定理論

SMART及OKR這兩套在各領域廣泛應用的目標設定系統其實都是從心理學家Edwin Locke的目標設定理論發展出來的。

Locke的目標設定理論主張「明確且具有挑戰性的目標，能夠提升個人及組織的動機與績效」。他透過實驗研究發現，當人們設定了具體而具有挑戰性的目標時，他們的表現通常會比那些目標模糊或簡單的人更好。在目標設定理論中，目標設定有五大關鍵原則，某些因素正正在後來發展出SMART原則和OKR原則。

清晰性（clarity）：目標應該具體明確，而非模糊。例如，「我要提升心理學成績」這樣的目標太模糊，應該改為「我要在下次心理學考試中獲得90分以上」（這和SMART原則中的S一致）。

挑戰性（challenge）：目標應該具有足夠挑戰性，以激發個人的潛能。如果目標過於簡單，可能無法激勵人們努力；但如果過於困難，則可能導致挫折感。例如，對於一位初學者來說，「學習心理學」這個目標太廣泛，而「在一週內閱讀十本心理學書籍」則可能過於困難，應該設立適中但具有挑戰性的目標（這和OKR提出的目標需具挑戰性一致，挑戰性也是目標設定理論中的重點）。

承諾（commitment）：當個人對目標有更高的承諾時，他們更可能堅持下去。如果目標是自己設定的，或者與自己的價值觀一致，那麼人們會更願意投入。例如，如果一名學生對心理學研究真的有興趣，他會願意投入更多時間來達成相關的學習目標。

回饋（feedback）：及時的回饋能夠幫助個人調整策略並保持動力。例如，學生在學習過程中應該定期檢視自己的進度，透過小測驗來評估學習效果，或者透過老師的反饋來改善表現。回饋是目標設定理論中最重要的元素，可以透過別人給予回饋，或自己審視進度後自己給自己回饋。

任務複雜性（task complexity）：如果目標牽涉到高複雜性的任務，那麼需要提供適當的時間與資源，並將其拆解為較小的步驟。例如，寫一篇心理學研究論文是一項複雜的任務，學生可以將其拆分為「閱讀文獻→設計研究方法→收集數據→分析結果→撰寫報告」等階段，逐步完成。無論多麼複雜的事情，只要將它分拆出多個小步驟，都可以逐一將它們完成。

P（Pathway，方法）

P是希望GPA模型的第二個重點。要成就目標，必定要有一套方法。有一句話我很喜歡——「A goal without a plan is just a wish.」（一個沒有計劃沒有方法的目標只是一場空談）。那麼，當我們想達成目標的時候，有什麼方法可以依循或參考嗎？

思考方法的重點在於認知能力上的彈性，稱為認知彈性（cognitive flexibility）。第三章曾提及，在思維上有彈性的人更能夠從不同的面向想到解決困難的方法。就像如果在路上遇到一塊大石擋著你的去路，思維上沒有彈性的人可能會不斷用力氣嘗試將石頭挪開；但是思維上有彈性的人，就會去找第二條可行的道路。大石就像每個人人生中會遇到的問題，有些人解決困難用的是蠻力，有些人則是靈巧地找到另外的方法解決困難。

所以，要達成目標，必須具備靈巧的方法。與其是「if you failed, try again and again」，不如「if you failed, try again and try differently」。

在追求目標的道路上，我們要擁抱可能性，不要抹殺任何的可能性，在方法上不斷保持彈性，這裡不行，就走第二條路，因為每個有良好設定的目標都必定能夠達成，問題只是在於有沒有選對方法而已。

除了自己的靈活心態外，我們也可以透過觀察別人的成功策略令自己得到提示及感悟。例如我是做學術研究的，我會觀察及學習那些成功的教授們是怎樣做研究的，然後根據自身的實際條件及資源，盡量將自己和他們的距離收窄。善用靈活的思考的同時，好好觀察別人的做法，我們或許可以想出數個達成目標的方法。那麼哪種方法才是最好的呢？最好的方法其實就是最適合自己的方法。別人用某種方法做得最好，但那個方法未必適合你，勉強自己去用別人的方法，對你其實沒有意義。就好像我經營Dr Lo Psychology社交媒體平台，我知道有一些相似的心理學科普專頁以分析電影人物的心理歷程而獲得很多關注，但是我並不太喜歡看電影，所以儘管寫這一類內容有可能增加流量，對我來說也實在太勉強了。對自己最好的方法就是與個人喜好一致、能夠在自己有限的時間及資源下完成，以及跟自己的性格強項匹配（詳見第二章）等。

在實行各種方法去達成目標時，我們要保持前瞻性及積極主動（proactive），可以在進行計劃的途中想像各種可能出現的問題（mental rehearsal），提早準備及找出相應的預防及解決方法。最重要的是，我們要接受失敗的可能性，沒有一種方法是必勝的，而困難的目標必定很難達成，充滿失敗的可能性。但是一個思維上充滿彈性的人會知道一次失敗並不代表什麼，而只是一個過程，一種體驗，令你知道什麼方法是不可行的。在面對失敗時，不需要賦予過多的情感標籤（emotional label），例如認為失敗是可怕的，失敗代表自己的價值不值得被期待等。失敗其實只是一個絕對客觀的過程，代表著在某一個階段，你所用的方式並不有效而已。

失敗未必能成為成功之母，但只要你肯保持前瞻性，擁抱各種可能性，並不斷自我調節的話，失敗能令你更接近目標。

A（Agency，心態）

很多中文譯本都會把agency這個字譯作「意志力」，但我並不喜歡這個翻譯，並覺得這個翻譯會誤導別人，以為要達成目標，意志力是最重要的。當然，意志力在追求卓越的過程中十分重要，但是人類的意志力幾乎是不可靠的，它就像橡皮筋一樣，也像肌肉一樣，當你不斷地拉扯它，不斷地使用意志力去逼迫自己的話，意志力總有一天會被磨滅。例如，你打算建立跑步的習慣，然後每個星期強迫自己去跑步三次，由於你並不是真正喜歡跑步這個活動，每次去跑步你都要鼓起勇氣，這樣用意志力勉強自己去做事並不會長久。要持之以恆，「快樂」兩字比起意志力重要太多了，每一種動物（包括人類）會自然而然地做的事情，都是令自己快樂的事情。

持續去做某種行為的重點在於熱情（passion），就像我一樣，人到中年想維持良好體重，無一不以做運動作為方法。我曾經嘗試建立跑步習慣，但無論我怎樣做，也難以感到快樂，意志力在「不快樂」面前，堅持不了多久就舉白旗投降了，也沒有得到什麼減重的效果；但是網球不一樣，網球本身是對打的球類活動，對我來說，比跑步來得有趣多了，我能從中感受到許多快樂，所以每次打網球我都是帶著期待的心情，持之以恆也就自然而然變得簡單起來。值得補充的是，這裡指的快樂，並不單純指令你感到享樂的那種快樂，這裡的快樂也包括滿足感，努力去打完兩小時網球，很難說是一種「享樂」，但滿足；而這種滿足，也是快樂。

所以我更喜歡將agency譯為心態，而不單單是意志力。所謂心態，就是在追求目標的過程中，如何看待成敗得失和整個追夢的過程。一個對未來有希望感（hopeful）的人，他們會視挑戰為一種機會而不是一種威脅；在充滿困難及失敗的過程中，他們不會自怨自艾，而是會幫助自己渡過難關。如何幫助自己呢？那就是不斷鼓勵自己，提醒自己過去在相似情況下，會如何戰勝困難。更重要的是，在追求目標的過程中，比起到達終點前的喜悅，對未來充滿希望的人會更著重欣賞沿途的風景。

「希望」可以學習嗎？

正在讀此章的你，或許對你的人生非常失望，也未曾對生命有過希望，正在過著「躺平」的生活。除非你自己不想，否則我想告訴你，跟很多東西一樣，希望是可以透過學習去獲得的，也就是說，有希望或者沒希望，其實都是我們透過學習而來。這裡暗示著的是什麼？希望感不是恆定的，即使你現在沒有希望感，你也可以透過學習變得有希望，學習樂觀面對未來。想理解為什麼說希望感是可以靠學習得來的話，那就必須要理解習得性無助（Learned Helplessness）理論及習得性樂觀（Learned Optimism）理論，它們都是由現代正向心理學的泰斗Martin Seligman所發展出來的。

習得性無助

習得性無助理論是Martin Seligman和他的團隊在1960年代提出的重要心理學理論。這個理論在臨床心理學（clinical psychology）和教育心理學（educational psychology）等方面都有深遠的影響。

習得性無助的基本概念是當個體經歷過「無法控制的負面事件」後，他們可能會學習到「無論自己做什麼都無法改變結果」，進而產生被動、無助的行為，即使後來的情境變得可控，他們仍然不會嘗試改變局勢。這種現象最初是透過動物實驗發現的，後來被延伸到人類的行為與心理健康研究中。

Seligman的研究小組於1967年開始做了一系列的經典狗電擊實驗，其中在一個最經典的實驗中，研究者將狗分成三組，並讓牠們經歷不同的學習情境。

第一組（可控制電擊組）：這些狗被放入一個裝置中，當牠們遭受電擊時，按下鼻子前的按鈕就能停止電擊，這意味著牠們學會了電擊是可控制的。

第二組（無法控制電擊組）：這些狗同樣遭受電擊，但無論牠們做什麼，都無法停止電擊，這導致牠們學會了「無論怎麼做都無法逃避痛苦」。

第三組（對照組）：這些狗完全沒有經歷過電擊，作為對照組。

在完成這個學習階段後，接下來，研究者把所有狗放入一個新的實驗裝置。這是一個雙區域籠子，中間有一道低矮的隔板，狗只要跳過隔板，就可以逃離電擊區域，進入安全區域。這時，研究者開始對狗施加電擊，觀察牠們是否會嘗試逃跑。結果發現，第一組（原本能控制電擊的狗）很快學會了跳過隔板來逃避電擊，因為牠們知道「自己可以改變結果」；第三組（從未受過電擊的對照組）也很快學會了逃避，因為牠們本來就沒有學到「無助感」；而第二組（無法控制電擊的狗）幾乎完全不嘗試逃跑，即使只要輕輕跳過隔板就能擺脫痛苦，牠們仍然只是被動地躺在原地，無助地承受電擊。這表明牠們在第一階段學到了「無論怎麼做都無法改變結果」，因此在新的情境中，即使情況已經變得可控制，牠們依然表現出無助的行為。

從以上的實驗我們可以知道，今天你對世界、對你的人生感到絕望，有可能是來自於你這麼多年的人生的各種不幸的疊加，你從你的人生經驗中學習到了「面對人生，你不需要懷有希望」這個道理，這就是一種學習而來的無助感——習得性無助。但你又有沒有想過，今天的你既然可以學懂「對人生不需要懷有希望」，那麼你同樣可以學習「對人生抱持樂觀」。

習得性樂觀

習得性樂觀是Seligman在1990年提出的概念，作為對習得性無助理論的進一步發展。Seligman認為人們不僅會學習無助感，還可以透過改變思維模式來學習樂觀。習得性樂觀指的是個體可以透過改變對於事件的解釋方式（explanatory style）來培養更樂觀的思維，進而提升心理韌性（resilience）和幸福感。Seligman提出，「我們如何解釋生活中的事件」會影響我們的情緒與行為。這種解釋方式可以分為三個維度：例如當負面事件發生時，悲觀者認為負面事件是永久的（permanent）、影響全面（pervasive），而且都是自己（personal）的錯，簡稱PPP，這會導致低自尊、焦慮與習得性無助。而樂觀者則認為負面事件是短暫的（temporary）、局部的（specific），並且不完全是自己（external）的錯，簡稱TSE，這樣的人更有心理韌性，能夠從失敗中恢復。（若想詳細了解習得性無助和習得性樂觀的理論，詳見前作《改變人生的正向心理學——尋找快樂，追尋夢想》。）

Exercise：你是悲觀者還是樂觀者？

從以下PPP的維度，哪一個方向的想法與你較接近？

維度	悲觀者的想法	樂觀者的想法
永久性（permanence）： 事件是短暫的還是永久的？	「我永遠都學不會數學。」（認為負面事件是永久的）	「這次數學考試沒考好，但下次可以進步。」（認為負面事件是暫時的）
普遍性（pervasiveness）： 事件影響所有領域還是僅限於特定領域？	「我數學不好，所以我在其他學科的表現都很糟糕。」（認為失敗影響所有領域）	「這次數學考得不好，但我的語文成績很好。」（認為問題是局部的）
個人化（personalization）： 問題是自己的錯還是外部因素導致？	「這次考試考不好是因為我太笨了。」（將失敗歸因於自己）	「這次考試太難了，下次準備更充分就好了。」（將失敗歸因於外部因素）

ABCDE 模型

除了改變自己對於事件的解釋方式外，Seligman還提供了一種簡單的方法，透過介入自己的認知思維去改變自己對負面事件的詮釋，稱為ABCDE模型，幫助人們改變消極思維模式。

ABCDE 模型分為五個階段，分別是：

A（Adversity）：逆境的發生，這是一切的起始點，壞的事件發生在自己身上，例如：「我數學考試考不好。」

B（Belief）：信念，這是你對負面事件的習慣性解釋方法。這裡一般指悲觀的人對負面事情有一種習慣性的負面想法，例如：「我太笨了，永遠學不會數學。」

C（Consequence）：結果，上述那種習慣性的負面解釋方法就好像在悲觀人士身上根深蒂固的信念，這種信念對自己帶來消極的影響，例如：「我感到沮喪，不想再努力學習數學。」

D（Disputation）：駁斥。ABCDE模型的重點就在這個階段，上述的ABC階段描述了悲觀人士面對負面事件的自動反應，而究竟我們如何能控制這種自動反應，關鍵在於介入自己的思考模式去駁斥那些自動反應。你要做的是質疑並反駁這種消極信念，例如：「數學不是我的強項，但我可以透過努力來提升。」

E（Energization）：激勵。透過駁斥自己的自動負面反應，我們可以得到新的想法和信念。新的信念可以激發不一樣的行動，例如：「我可以向老師請教，並每天多做幾道數學題來提升我的能力。」

現在我想透過以下有關David的故事來進一步闡述ABCDE模型。

David是一位年輕的創業者，他在市中心開了一家咖啡店，夢想打造一家獨特的精品咖啡店。然而，經營一年後，由於市場競爭激烈、市場行銷策略不夠強、租金成本過高，他的咖啡店最終無法持續營運下去，結業收場。

這次失敗令David感到極度沮喪，他開始懷疑自己的能力，甚至認為自己不適合創業。他覺得無論自己再怎麼努力，未來的嘗試也可能會失敗（習得性無助）。

現在，讓我們用ABCDE模型來幫助David。

A（逆境）：事件發生了，David的咖啡店因為經營困難而倒閉，導致他損失了一筆創業資金，使他對未來的職業生涯感到迷惘。這時候David的初步想法是「我的生意失敗了，這證明我是一個糟糕的企業家」。

B（信念）：這是關於David如何習慣性地解釋這次失敗。他開始產生消極的信念，這些信念影響了他的情緒與動機。這是一種悲觀的解釋風格（PPP），包括：

- 永久性：「我永遠都不適合創業。」（認為這是長期無法改變的問題。）

- 普遍性：「如果我連經營一家咖啡店都做不好，那我在其他領域也不會成功。」（認為這次失敗會影響他的整個職業生涯。）

- 個人化：「這完全是因為我不夠聰明、經驗不足。」（將問題歸因於自己的能力，而不是市場環境或策略問題。）

因為這些消極信念而感到絕望，他開始對未來的職業發展失去信心，甚至不敢再考慮創業或開展新的計劃。

C（結果）：David的悲觀思維令他認為自己「永遠不適合創業」，他開始變得被動，不願意再做新的嘗試。心理上David感到焦慮、自卑，認為自己不夠優秀。這種心態也影響了David的行動，他選擇完全放棄創業夢想，不願意再學習商業策略或嘗試新機會。負面的心態及消極的行動長遠地影響了David的職業發展，他不再積極尋找新的職業發展機會，而是消極地接受失敗的結果（詳見第三章的擴展與建構理論）。這就是習得性無助的典型例子，David學會了「無論怎麼做都沒用」，所以選擇放棄。

D（駁斥）：現在，我們來幫助David反駁他的消極信念，改變他的思維方式！David需要問自己幾個關鍵問題，以挑戰他的負面解釋方式。以下就來參考一下如何「自問自答」駁斥自己吧！

David的習慣性悲觀反應	反駁原因	如何反駁自己
我真的完全不適合創業。	自己的信念100%正確嗎？	這只是我第一次創業，許多成功的企業家在第一次創業時也曾經失敗。
在創業的過程中，我做的每個決定都是錯的。	有沒有證據支持或反駁這個信念？	並不是！其實我的咖啡品質很好，顧客也曾經給予正面回饋，問題可能出在行銷策略和選址。
我是個失敗者，這完全是我的錯。	有沒有另一個更合理的解釋？	市場競爭激烈，我可能需要更好的行銷策略和成本管理。如果我學習這些技能，未來的創業可能會成功。
我不適合創業，還是去找一份普通工作吧。（這是消極的自我對話）	如果我的朋友遇到相同的情況，我會怎麼安慰他？	「這次創業雖然失敗了，但這是一個寶貴的學習經驗。你可以從錯誤中學習，下次做得更好！」（這才是有建設性的話語）

透過不斷有建設性地反駁自己，David開始改變他的習慣負面反應。從「我永遠不適合創業」到「這次失敗只是學習的一部分，我可以透過改變策略來提升成功機會」；從「這是我的錯，因為我不夠聰明」到「我只是需要更多的市場分析和行銷知識」。這就是習得性樂觀的關鍵：挑戰自己的消極信念，並找到更合理、更積極的解釋方式。

E（激勵）：現在David轉變了思維，他應該採取哪些行動來改善？他決定採取實際行動，而不是消極地認為「自己永遠無法成功」。David因此擬下一份具體並詳細的行動計劃書。他詳細分析失敗原因，回顧財務報表，發現租金成本過高，應該選擇租金較為相宜的地點；他亦有檢討行銷策略的不足，以致沒能吸引足夠的顧客。從分析失敗經驗的過程中，他得到了個人成長（personal growth），並持續地去學習。他報讀行銷與財務管理的課程，學習如何更有效地經營業務；他請教成功的企業家，學習他們的經驗。他變得更加積極及具前瞻性，主動尋找新的機會，並開始計劃新的創業項目，例如開設一個網絡咖啡品牌，降低租金成本，以及與其他創業者合作，避免單打獨鬥。

慢慢地，David終於走出負面自責的漩渦，他感覺自己能重新掌控未來，不再覺得無助，對創業重燃信心，開始規劃新的項目。更重要的是他從這次失敗中得到了寶貴的經驗，未來的創業更有可能成功。

如何解釋好的事物和壞的事物，在我們身上早已變成了一種習慣反應（habitual response），是一種自動反應。樂觀的人面對困難時會習慣地去想「再試一次就可以了」；悲觀的人則會想「我真的很失敗」。跟改變所有壞習慣一樣，我們必須要對自己的思想及行為非常留意，做到自我覺察，才能改變思想。就像當你想更好地去理財時，第一步必定是檢視自己每個月用了多少錢，以及錢用到什麼地方去。運用ABCDE模型也是一樣，如果連ABC三個部分你也不能察覺的話，那麼便無法介入自己的思想，完成DE兩個部分。

習得性樂觀 vs.盲目樂觀

可能你會覺得，上述的ABCDE其實就是安慰自己。的確，ABCDE模型在情緒上的價值可能為我們帶來了一些安撫負面情緒的功能。但要明白的是，ABCDE的重點不只是在安慰自己，而是透過練習去重塑自己的「認知模型」，重塑自己的思維方法，是訓練我們面對負面情況下如何改變思維的一種工具。第二點值得注意的是，習得性樂觀不等於盲目樂觀。很多人都誤認為正向心理學就只一味地讓人去追求快樂和樂觀，這一點不妨重溫本書第三章。習得性樂觀是基於現實的積極思維，它承認問題的存在，但相信透過努力可以改善；而盲目樂觀則是不切實際的樂觀，例如：「我不需要準備考試，因為我一定會考很好！」這樣的思維可能導致懈怠與失敗。

真正的習得性樂觀應該是承認挑戰，保持信念，並採取行動。

這是正向心理學的真正精神，它不認為這個世界都應該充滿色彩，而是即使世界有黑暗的地方，我們也可以去選擇在這片黑暗的地方中找到一點光。

一切都是選擇。

閱讀清單分享

Snyder, C. R. (2003). *The psychology of hope: You can get here from there*. Free Press.

Seligman, M. E. P. (2006). *Learned optimism: How to change your mind and your life*. Vintage.

註釋

1. Charles Richard "Rick" Snyder（1944–2006）是美國正向心理學領域的先驅之一，以其在希望方面的研究而聞名，對心理學界產生了深遠的影響。Snyder的研究集中於希望理論，他提出希望是一種以目標為導向的思維過程，包含兩個核心成分：路徑思維（即感知到實現目標的途徑的能力）和意志思維（即採用這些途徑的動力）。他的希望理論廣泛應用於健康、兒童發展、靈性和職場等領域。

"Peaks and valleys are interlocked with each other. In your peaks (ups), your mistake creates the adversities in future. In your valleys (downs), your wisdom prepares the successes in future. Be grateful in your peaks, be humble in your valleys."

Spencer Johnson

「禍兮福之所倚，福兮禍之所伏。」

《老子・五十八章》

第五章

在第一章〈幸福人生〉中，我介紹了Martin Seligman關於幸福感的PERMA理論。在他的理論體系中，一個人的幸福感由五個因素組成，包括P（positive emotions，正向情緒，詳見第三章）、E（engagement in life，對生活的投入感）、R（relationships，人際關係）、M（meaning，人生意義，詳見第一章）及A（accomplishment，成就感）。本章的主體心流理論（Flow Theory），就是和PERMA中的E息息相關。在生活中如果能感受到更多的心流體驗，一個人對生活和工作就能更加投入，增強幸福感。

心流理論

陽光透過咖啡廳的落地玻璃灑進來，John卻渾然不覺。他的手指在電腦鍵盤上飛舞，一行行程式代碼如湧泉般流淌而出。三個小時過去，他甚至忘記了喝一口已經涼掉的咖啡。當手機鈴聲突然打破這份專注時，John才恍然大悟，他剛才彷彿進入了另一個時空，忘記了時間，忘記了自我，甚至忘記了身體的需求。「真奇怪，為什麼工作時可以如此忘我？」他思索著。

這種現象並非奇蹟，而是一種被心理學家稱為「心流」（flow）或高峰體驗（peak experiences）的普遍人類體驗。當我們全神貫注於一項具有挑戰性但又在能力範圍內的活動，獲得即時反饋，並有明確目標時，我們就可能進入這種時間感扭曲（感覺時間比實際流逝得更快或更慢）、自我意識暫時消失的最佳心理狀態。

這正是Mihaly Csikszentmihalyi[1]畢生研究的課題。他發現，無論是象棋大師、攀岩者、外科醫生，還是在工作中的普通人，心流體驗是人類幸福感和內在動機的核心源泉。

心流描述一種人們完全投入於當下活動的心理狀態。這種狀態具有獨特的特徵：專注力高度集中，意識與行動融為一體，自我意識暫時消失，時間感扭曲，並體驗到深刻的內在愉悅和滿足感。簡言之，心流是一種「最優體驗」（optimal experience）。在這種狀態中，人們感覺「活著」和「全然地存在」。如果以廣東話來表達的話，體驗「心流」就是一種會令你覺得「好正好正」的感覺。

Csikszentmihalyi通過大量訪談和實證研究，總結出心流體驗的八個核心要素。

心流體驗的八個核心要素

1. 挑戰與技能的平衡

心流體驗的首要條件是活動的挑戰性與個體的技能水平達成微妙平衡（balance between perceived challenges and skills）。當挑戰過高時，人們會感到焦慮和壓力；當挑戰過低時，則會感到無聊和注意力渙散。心流發生在焦慮（由於活動難度過高而技術不足）及無聊（由於技術遠高於活動難度的要求）兩個極端之間的「黃金地帶」。Csikszentmihalyi強調，最理想的心流狀態往往出現在挑戰略高於現有技能水平的情境中。這種輕微的「拉伸」能激發人的潛能，促使技能增長，同時保持參與者的積極性和信心。長期處於心流狀態的人會自然地尋求越來越複雜的挑戰（正如上述，心流狀態往往出現在技能剛好在挑戰之下的情況，而只要高度集中，技能便有機會趕上難度），形成一個「複雜性上升螺旋」，技能提升促使尋求更大挑戰，更大挑戰又促進技能進一步發展。例如一位鋼琴家選擇稍高於自己水平的曲目練習；一位程式設計師接手一個有挑戰但仍在能力範圍內的項目；一位登山者選擇難度適中的路線。這黃金地帶是個人化的，每個人都不一樣，會隨著技能和經驗的累積而不斷調整。也就是說，只要選對了活動，每個人都可以感受到心流狀態，不一定是專家才能達到心流。

2. 行動與意識的融合

在心流狀態中，行動與意識之間的界限變得模糊，甚至消失。參與者不再把自己視為獨立於活動之外的行動者，而是成為活動本身的一部分。這種融合體驗被許多藝術家、運動員和表演者描述為「我不是主動在做，而是被一股力量驅動去做」或「音樂通過我在演奏，而不是我在演奏音樂」的感覺。

神經科學研究顯示，這種融合感可能與大腦前額葉皮質（負責自我監控和分析性思考）活動的暫時降低有關。當行動變得自動化（自動化的前提是該行動是高度熟練的），不需要刻意的自我監控時，自我意識和行動之間的分離感減弱，產生一種「無為而為」的體驗，類似於道家哲學中描述的「化境」理想狀態。這種行動與意識的融合（merging of action and awareness）不僅出現在身體活動中（如運動及樂器表演），也存在於創造性思維、寫作和解決問題等認知活動中。作家描述「文字行雲流水」的狀態，數學家談論問題解決的「自發頓悟」，這些都是行動與意識融合的例證。

3. 明確的目標

心流體驗需要明確的目標（clear goal）作為基礎。這些目標為注意力提供了焦點和方向，讓參與者知道自己「在做什麼」和「為什麼而做」。漫無目的地去做一件事，是很難達成心流的，因為漫無目的的過程中不存在專注力。許多創造性活動中的目標在過程中會逐漸清晰或轉變。藝術家可能開始時只有模糊的意圖，但隨著作品的演變，目標也隨之具體化。目標的內在化程度（internalization，即目標被視為自主選擇而非外部強加）會影響心流體驗的質量。當目標與個人價值觀和興趣相一致時，心流更容易出現且更為深刻。這個不難理解，當做著一件自己不是真心喜歡，而是為了種種外在原因被迫去做的事情時，你很難全程投入於過程中，那麼心流狀態便會比較難達成。

4. 即時的反饋

心流狀態需要活動提供清晰、即時的反饋（immediate feedback），使參與者能夠不斷調整自己的行動以適應目標要求。這種反饋不必是外部評價，也就是說不是指必須要有一個老師或評判在旁對你的表現作出反饋，更多時候是活動本身產生的信息。反饋可以採取多種形式：視覺的（畫家看到畫作的演變）、聽覺的（音樂家聽到和諧的旋律）、身體的（運動員感受到流暢的動作）或認知的（作家察覺到文字表達的準確性）。關鍵在於這些反饋必須在行動後立即可獲得，而不是延遲到活動結束。即時反饋的價值在於它消除了不確定性。當我們清楚知道每個行動的結果時，注意力可以完全投入當下，而不是分散在擔憂和評估上。這種即時反饋在遊戲世界中最容易被觀察到，遊戲設計師常巧妙運用這一原則，通過得分、聲音和視覺效果提供多層次即時反饋，使玩家不斷感知自己的表現並保持沉浸，這也是為什麼人們那麼喜歡玩遊戲的原因之一，因為遊戲可以說是一種專為創造心流而設計的產品。

5. 專注於當下任務

心流狀態的核心特徵是注意力對當下任務的完全集中（concentration on the task at hand）。在這種狀態下，意識被限制在一個狹窄的活動範圍內，其他無關的想法、感受和干擾因素都被過濾掉。人類的注意力資源有限，當一項活動需要接近或達到注意力限度時（attention span），就不再有剩餘的注意力可用於思考其他事情，從而產生完全沉浸的體驗。這種專注狀態不同於強迫性的注意力集中，後者需要不斷的自我調節（self-regulation）和意志力。心流中的專注是自然發生的，甚至是不費力的。專注的深度和持續時間是心流質量的重要指標。淺層心流可能只持續幾分鐘，而深度心流體驗可能延續數小時甚至更長，參與者完全忘記時間流逝。有趣的是，心流的專注亦同時具有排他性和包容性，它排除無關刺激，但對活動相關的細節保持高度敏感。例如，一位象棋大師可能注意不到周圍的噪音，但能察覺棋盤上微妙的戰略機會；一位外科醫生可能忘記手術室外的世界，但對患者生理狀態的細微變化保持警覺。

6. 控制感

心流狀態伴隨著一種特殊的控制感（sense of control），不是對環境的絕對掌控，而是對自己能夠應對任何可能出現的情況的信心。參與者相信自己的技能足以應對活動中的變數和挑戰。重要的是，這種控制感與完全可預測的環境恰恰相反。如果一切都完全在掌握之中，活動就會變得單調乏味。理想的心流環境包含未知元素和風險，但參與者相信這些風險在自己的能力範圍內。也就是說，無論外在環境如何變化，憑藉高度投入及對個人能力的信心，心流體驗者始終感到有能力控制整個過程。控制感與自我效能感（self-efficacy）密切相關，後者是由心理學家Albert Bandura提出的概念，指個體對自己成功執行特定任務能力的信念。研究表明，較高的自我效能感促進心流體驗，而心流體驗又能增強自我效能感，形成良性循環。

這種心理狀態特別能解釋為何冒險活動（如攀岩、滑雪、衝浪、潛水，甚至是電子遊戲世界中的冒險）能較易產生強烈的心流體驗。表面上看，這些活動涉及未知的風險，但熟練的參與者體驗到的是應對風險的能力，而非風險本身的威脅。專業登山者會認為「最危險的地方反而是我感到最安全的地方，因為在那裡我完全專注且知道自己在做什麼」。我相信如果各位讀者喜歡玩電子遊戲的話，你都會有同感，去到一個新的關卡，面對新的未知，你會更投入到未知世界中，準備應對各種挑戰。當然，這個過程你享不享受就視乎你的電子遊戲競技水平如何，水平不佳的話，你在新關卡就只有擔心和害怕了。

7. 自我意識的暫時消失

在深度心流狀態中，人們通常會經歷自我意識的暫時消退（loss of self-consciousness），通常佔據意識的自我形象、社會身份、過去成就或未來擔憂都會退居後台，甚至完全消失。這不是自我的喪失，而是自我評價和自我監控的暫時擱置。這正是心流經驗對幸福感提升的重要性，人們很多的負面情緒都在於對過去的反悔及對未來的焦慮。在日常生活中，我們也花費大量心理能量來維護和保護自我概念，關注他人對我們的看法，擔心自己的表現是否足夠好。這種持續的自我監控不僅消耗注意力資源，還常導致焦慮和自我懷疑。心流狀態可算是最強版本的正念經驗

（mindfulness），在心流中，由於注意力完全投入於當前任務，沒有剩餘的心理空間用於自我反思，它讓你完全沉溺於現在那一刻。人一旦專注於當下，就是心靈最平安的時刻。許多心流體驗者描述這種狀態為「與活動合而為一」或「成為音樂／繪畫／舞蹈的一部分」。這種暫時的自我超越可能是心流帶來深度愉悅的關鍵原因之一，因為它提供了難得的從自我束縛中解脫的機會。

8. 時間感的轉變

心流狀態通常伴隨著對時間感知的顯著改變（transformation of time）。最常見的體驗是「時間飛逝」，數小時可能如幾分鐘般迅速流過。也有人報告相反的體驗：時間似乎延展或放慢，尤其在需要精確時間判斷的活動中，例如在運動項目中別人的跑動變慢，令你能夠看清所有人的動作。這種時間感知的扭曲與注意力機制密切相關。通常情況下，我們通過注意外界變化和內部生理節律（如心跳）來感知時間流逝。當注意力完全投入活動本身時，我們不再處理這些時間線索，導致主觀時間感與客觀時間脫節。

時間感的轉變不僅是心流的標誌，也增強了體驗的質量。當我們不再受限於「時間軸」的線性思考時，往往能體驗到更深的沉浸感和更大的創造自由。正如一些能感受心流的人會認為當時間消失時，他們能真正地活在當下，他們的創作也隨之超越了常規限制。有趣的是，不同活動中時間扭曲的性質可能不同。需要高度反應速度的活動（如賽車或籃球）中，參與者常報告時間似乎「減慢」，給他們更多時間做出決策；而需要持久專注的活動（如寫作或編程）則常伴隨時間「加速」的感覺。

了解過心流體驗的一些特徵後，我們一起看看心流體驗比較常見的一個領域——競技運動，運動員會如何描述他們在場上的心流時刻？由於我比較喜歡籃球，所以找來一些NBA籃球員對心流體驗的形容跟大家分享。Michael Jordan在David Halberstam於1999年出版的*Playing for Keeps: Michael Jordan and the World He Made*中表示：「有時候你會進入一種節奏。不管你做什麼，事情就是會順利進行。這是一種禪的狀態。就像一種完美的時刻。你不需要思考，事情就這麼發生了。這種狀態很難形容，但它絕對是真實的。」我的永遠楷模Kobe Bryant在2013年ESPN訪談中談及他單場取得81分的比賽時說：「你完全沉浸在當下。不是過去，不是未來。你可以感覺到節奏、協調性、空間感……一切都處於和諧。不只是你和籃球，還有和對手的那種和諧感。這些都在同一個頻道上。」而在2016年退役賽後的記者會上他亦曾表示：「對我來說，籃框看起來就像大海一樣。不管我投哪裡，我都感覺球會進。我只是感覺非常自信。我處於心流狀態。」NBA史上最偉大的射手Stephen Curry在2016年接受*GQ*雜誌採訪時說：「當我處於心流狀態時，我感覺自己可以在任何地方投籃。我感覺自己和護欄甚至可以距離很遠，球還是會進。一切都處於平衡狀態，身體感覺很輕盈。這是一種超自然的感覺。」

從以上NBA球星的分享，我們可以總結以下三項：

1. 級數越高的球星越容易感受到心流經歷。因為心流的發生需要匹配NBA比賽難度的技術水平，普通的NBA球員由於水平相對不高，未能像偉大球星一樣容易進入心流狀態。

2. 就如上述，心流是高度專注力下所有事物對環境感知都產生變化的過程，例如「籃框變得像大海一樣大」、「感覺自己和護欄甚至可以距離很遠」。

3. 心流是愉悅的，是非常享受的一次體驗。

心流兩大條件：技巧及挑戰

在心流理論中，只要某些條件符合（這些條件會在本章稍後部分詳述），心流可以出現在任何一種活動中。但從一般日常生活中的例子可見，心流一般較多出現在藝術創作及競技運動之中（包括各種體育類及非體育類的競技），為什麼會這樣子呢？主要是因為在藝術創作及競技運動之中，較容易出現兩個產生心流的必要因素：技巧（skill）及挑戰（challenge）。如上所說，心流的產生在於這兩個條件的拉扯，在主觀感受上面，產生心流的活動必定是高挑戰，同時需具備高技巧去應對。再次強調一下，這裡說的挑戰及技巧，是基於個人的主觀感知上，不是客觀上的挑戰及技巧。這說明任何一個人，即使你只是網球初學者，只要活動難度對你來說夠高，而你的技巧剛好匹配著這個難度，你都能感受到心流體驗，而並不一定是Roger Federer及Rafael Nadal等世界級球手才可以。

有關心流體驗跟挑戰及技巧的關係，我們可借助心流象限模型（Flow Quadrant Model）去理解。在這個象限模型中（可參考後頁），心流體驗在最右上角的象限，是一個以高技巧應對高難度挑戰的過程中會產生的主觀體驗。心流體驗是一個技巧及難度之間的拉扯。最佳的情況是你所應對的任務恰好是比你的最高技術水平高出一點點，去應對這個挑戰時，你自然就會全神貫注，將所有精力都擺在任務上。而由於你本來的技術水平已達標，在全神貫注的情況上，你的技術會更上一層樓，以匹配任務的難度，而你亦會在全神貫注去解決問題之中獲得愉悅感。當你解決了一個任務後，隨著不斷累積的經驗，你的技術亦會不斷提高，然後你會嘗試追求更大的挑戰，你的技巧不斷追趕著更高更難的目標，更高更難的目標也不斷激勵著你不斷精進自己的技術。所以心流體驗除了令你感受到「好正好正」的愉悅感外，更重要的是它能夠使我們獲得技能精通感（sense of mastery）。一個人要精通一樣技巧，過程中必須產生快樂及愉悅感（枯燥乏味全憑意志力堅持的事情是不能持續的），而這些都可以從心流體驗中獲得及不斷累積。

Assessment：從心流象限模型作自我評估

從右頁的心流象限模型中我們可以看到，當你做著一些很簡單的事情時（低挑戰度），視乎你的技巧級數，你所感受到的一般都是無聊、沉悶及過分輕鬆。在你的主觀層面上，簡單的任務基本上不會讓你達到心流狀態，主要原因是你根本就不需要投入百分百的專注力到任務上，沒有專注便很難產生心流。反之，若你的技術不足卻做著一些很困難的工作，你的主觀體驗只會是擔憂和焦慮，當你的思緒被擔憂所縈繞，你自然無法集中到任務上，難以達到心流體驗。整個心流象限模型可分為以下八個區域：

心流區域（flow）：挑戰與技能高度匹配且水平較高

喚醒／興奮區域（arousal）：挑戰略高於技能（介乎於心流與焦慮之間）

焦慮區域（anxiety）：挑戰顯著高於技能

擔憂區域（worry）：挑戰高於技能且兩者水平較低（介乎於焦慮與冷漠之間）

冷漠／無聊區域（apathy）：挑戰與技能均處於低水平

沉悶區域（boredom）：技能略高於挑戰且挑戰較低（介乎於冷漠與放鬆之間）

放鬆區域（relaxation）：技能顯著高於挑戰

控制區域（control）：技能高於挑戰但挑戰仍然適中（介乎於放鬆與心流之間）

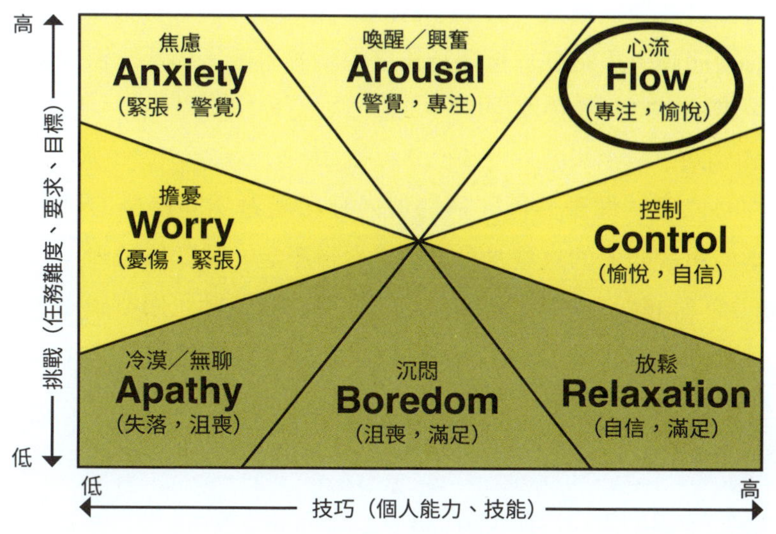

在藝術創作如表演樂器及進行競技遊戲時，任務的目標相當明確（彈好一首歌或戰勝對手），這種有明確目標下的任務，我們更容易投入專注力於過程中。而表演樂器及競技遊戲都有一個連續性的過程，要求個人要持續投入專注力在一段相對比較長的時間中。更重要的是，在這段長時間任務中，你不能隨意地中斷，這跟一般在工作和學習上的任務有點不一樣，例如一個學生要寫一篇文章，他們是可以隨時停下來做其他事。這種在客觀環境中可以隨時中斷的任務不利於實現心流體驗。更重要的是，表演樂器及競技遊戲有一套不斷增加的難度系統，你要玩得越來越好，那麼就需要不斷追趕這個難度系統去提升個人技術水平，在難度和技術的拉扯中，心流較容易不斷地出現。說心流較容易在表演樂器及競技運動中出現，當然不代表你在其他領域就不能擁有心流體驗，重點在於技巧及難度的動態平衡，以及能否驅使你集中精神去投入於任務之中。

心流是一個動態而非靜態的過程。隨著個體技能的發展，原本能引發心流的挑戰水平會逐漸變得不足，導致體驗滑向「放鬆」或「無聊」區域。這解釋了為什麼許多活動（如新學的遊戲或技能）初期非常引人入勝，但隨著熟練度提高而變得乏味。

培養心流體驗

學習是一個不只有輸入的過程，更重要的是輸出。正如所有正向心理學的知識，它們並不是象牙塔內的知識，而是全都能實踐出來的。學習了心流理論之後，我們便要學習使用它培養更多的心流體驗，令我們體驗甚至享受到對生活的滿足感。心流體驗更能令人體驗高度專注帶來的好處。

心流體驗的核心在於挑戰與技能的平衡。選擇過於簡單的活動會導致無聊，而過於困難的任務則會引發焦慮。培養心流需要精確定位這個「甜蜜點」。能夠達到心流的活動必定要給每個人帶出「技巧」及「難度」的拉扯，在某個特定的技術水平上追求較高的難度，同時在較高的難度中又不斷推使自己在技術上的進步，這種拉扯令自己完全沉浸於整個過程之中。

但是，有一個最基本的條件在上文並沒有提及，那就是心流體驗必須有一個載體才能呈現出來，而這個載體就是一種活動。先選擇一個令自己容易產生心流體驗的活動，便是培養自己產生心流體驗的第一步。那麼，什麼活動比較適合呢？

答案其實很簡單，卻對很多人來說又很困難，那就是，你從心底喜歡的活動。用心理學的語言來說，就是內在動機（intrinsic motivation）[2]驅動你去做的活動，而不是純粹的外在動機（extrinsic motivation）[3]。

很多人終其一生都沒能感受到幾次心流，最終極的原因就是，他們對所有事情和活動都沒持之以恆的熱情，或者沒有得到適合的土壤（包括環境及指導者），以致在技能發展的過程中，很容易會因為挑戰過高但技術或知識停滯不前而放棄繼續下去。在這種過程中，你只會千萬個不願意去做這個活動，引伸一系列的壞情緒並自我耗損，這樣的你絕對不會沉浸於過程當中，亦無法達至心流。

所以，心流體驗最基本的第一步，就是找到你真正喜歡的活動。

Exercise：什麼活動可體驗心流？

還沒有找到真正喜歡的活動嗎？也沒關係，可以先多作不同方面的嘗試，多試不一樣的活動，總會找到一項比較適合自己的。我的建議是從藝術手工（hand crafting，包括寫作）及運動方面去尋找，因為這些活動是比較容易產生出技術提升及難度提升之間的相互追逐，也容易使人在一段時間裡完全沉溺於其中，更重要的是比較容易接觸也不昂貴。至於電子遊戲，它當然是一個絕佳的環境去培養心流體驗，但由於沉迷於電子遊戲有可能引致成癮問題，不利於健康，所以依我所見，它未必是一個最好的選擇。

當你找到適合培養心流體驗的活動後，就要依照心流象限模型，在已有的技術層面上，逐步增加活動的難度。在技術突破後，又逐漸增強難度，如此類推。其實，大家細心一想，只要那個活動是你真正有熱情的，這種技術難度之間的拉扯似乎是理所當然會發生的事。

若你現在完全不清楚自己真心喜歡的東西，也不要緊，我們可以在心流象限模型中，尤其留心於控制區域（技能高於挑戰但挑戰仍然適中〔介乎於放鬆與心流之間〕）及喚醒／興奮區域（挑戰略高於技能〔介乎於心流與焦慮之間〕）的活動。在已經擁有高技能的活動中無法享受心流時，不妨踏出舒適圈，加強對自己的挑戰；而在你有一定水平卻總是覺得該活動很困難的時候，你就要突破瓶頸，將水平提高，令自己和難度匹配。

心流體驗其實也是一個幫助我們追求卓越的過程，因為在產生心流的過程中，需要高度熟練的技能水平。但心流跟快樂一樣，不能刻意去追求，它是天時地利人和下的副產品，其核心在於鍛鍊個人內心熱情所在的活動。如果那個活動並不是你真心熱情所向，在培養技能時，過分關注結果會激活自我評價機制，干擾心流的自然發展。只有在真正真心喜歡的活動中，我們才自然會享受活動本身，享受當中的過程，而非僅關注最終成就。總是刻意追求著心流，就好像刻意追求著快樂，你會患得患失，將事情本末倒置，忘卻了專注於當刻，心流亦不會出現。這和追求成功的道理沒有差別，只是想著要成功，卻沒法專注於每一天的努力付出，成功也是不會來的。

註釋

1. Mihaly Csikszentmihalyi是心流理論（Flow Theory）的奠基者，他的生平充滿了對人類最佳體驗本質的探索。兒童時期經歷了二戰的動盪，這段經歷促使他思考：為何在如此困難的環境中，有些人仍能保持心理健康和幸福感？這個問題成為他一生研究的基礎。他開創性地研究人們在全神貫注於某項活動時的心理狀態，發現當人們完全投入挑戰性適中的任務，並獲得即時反饋時，會進入一種「心流」狀態——時間感扭曲，自我意識暫時消失，體驗到深度的滿足感。

2. 內在動機指源自個體內部的驅動力，使人們出於活動本身的樂趣、興趣或滿足感而參與行動，而非為獲取外部獎勵（如金錢及名聲）或避免懲罰。內在動機的核心特徵是行為由個人自主選擇和控制（self-volition），而非外部壓力所致；活動本身即獎勵，參與過程本身提供滿足感，不需外部結果證明價值。由於活動本身即為獎勵，即使沒有外部獎勵或監督，動機仍能長期維持；常伴隨更深層次的專注、創造力和問題解決能力。由內在動機驅動的活動和各種正向情緒相關聯，例如愉悅、好奇及興奮等。內在動機的典型例子：為純粹的學習樂趣而閱讀、因創作本身的滿足感而繪畫或寫作、因運動體驗而參與體育活動、出於好奇心而解決複雜問題、因享受過程而從事音樂演奏等。

3. 外在動機指由外部因素驅動的行為，個體參與活動是為了獲取活動之外的結果，如獎勵、認可、避免懲罰或達成外部設定的目標。外在動機的核心特徵為活動被視為達到外部目標的手段，而非本身目的；重視行為帶來的後果而非過程體驗；行為感知為受外部因素或他人期望所驅動。由於動機維持依賴於外部激勵的存在，所以易受環境影響，動機強度隨外部條件變化而波動。

閱讀清單分享

Csikszentmihalyi, M. (2008). *Flow: The psychology of optimal experience.* HarperPrennial.

寬恕

第六章

正在讀這本書的你，也許或大或小地被別人傷害過，心中都有一個怨恨著的人，你可能覺得永遠無法原諒那個人，或者認為憎恨那個人會令你舒服一點，並得到一些慰藉。你可能沒有憎恨的人，而是憎恨自己做了一些後悔莫及的事。無論是對別人或者對自己，這種怨恨或許已經把你套進了一個牢籠內，你有沒有想過一個可能性，就是不再被這種憎恨所控制，讓自己重新獲得真正的心靈上的自由？

什麼是寬恕？

在理解什麼是寬恕之前，我想邀請你了解一下自己，看看自己是否一個會寬恕的人。和很多心理建構（psychological construct）一樣，心理學家也發展了一個量表工具去測量一個人的寬恕特質（forgiveness disposition），稱為心靈寬恕量表（Heartland Forgiveness Scale, HFS）。

TEST：心靈寬恕量表

在我們的生活過程中，負面事件可能因為我們個人的行為、他人的行為或超出我們控制的情況而發生。在這些事件發生後的

你有沒有想過去寬恕傷害過你的人？
或者寬恕自己？

一段時間內，我們可能會對自己、他人或處境產生負面的想法或感受。請思考你通常如何回應這類負面事件，就以下每條題目圈出最能代表你回應所描述的負面情況的數字（1代表非常不同意，7代表非常同意）。答案沒有對或錯，請盡可能坦誠地回答。

		非常不同意 ⟷ 非常同意						
Q1	縱然我曾懊悔自己過去犯下的錯誤，隨著時間我會體諒並接受自己。	1	2	3	4	5	6	7
Q2	我會不斷怨恨自己的錯失。	1	2	3	4	5	6	7
Q3	從我過去的錯誤中學習，令我可以放開心結。	1	2	3	4	5	6	7
Q4	若果是因為我而導致事情出錯，我感到很難接受自己。	1	2	3	4	5	6	7
Q5	隨著時間，我會逐漸體諒自己所犯的錯誤。	1	2	3	4	5	6	7
Q6	我會一直批評自己過去曾感受過、想過、說過或做過的失誤。	1	2	3	4	5	6	7
Q7	我會持續懲罰那些我認為做錯事的人。	1	2	3	4	5	6	7
Q8	隨著時間，我會逐漸體諒別人所犯的錯誤。	1	2	3	4	5	6	7

Q9	我會不斷嚴厲地對待那些曾經傷害過我的人。	1	2	3	4	5	6	7
Q10	雖然別人曾經傷害過我，但我最終還能把他們視為善良。	1	2	3	4	5	6	7
Q11	如果別人惡待我，我會一直討厭他們。	1	2	3	4	5	6	7
Q12	即使別人讓我失望，我還是可以漸漸地釋懷。	1	2	3	4	5	6	7
Q13	當事情受到非人為因素影響而變得惡化，我會被負面想法不斷纏繞。	1	2	3	4	5	6	7
Q14	隨著時間的推移，我逐漸明白生命中那些糟透的情況。	1	2	3	4	5	6	7
Q15	遇上生活中一些無法控制的情況，令我感到失落時，我會維持負面想法。	1	2	3	4	5	6	7
Q16	我逐漸懂得如何心境平和地去面對人生的困境。	1	2	3	4	5	6	7
Q17	即使某些不幸並非人為錯誤而造成，我仍會感到難以接受。	1	2	3	4	5	6	7
Q18	無法控制的逆境所產生的負面想法，我還是可以漸漸地釋懷。	1	2	3	4	5	6	7

評分方法：

將第1、3、5、8、10、12、14、16和18題的得分直接相加。

第2、4、6、7、9、11、13、15和17題是反向問題，得分需要反向計算。例如，答案為1的給予7分，答案為7的給予1分。然後將反向分數相加。

在這18題中，分為三個分量表（subscale）。第1至第6題是量度你是否容易寬恕自己（forgiveness of self）的分量表；第7至第12題是量度你是否容易寬恕他人的分量表（forgiveness of others）；第13至第18題則是量度你是否容易寬恕不可控環境因素的分量表（forgiveness of situations）。然後將三個分量表的分數相加，則成總寬恕指數。

分數解釋：

<u>分量表</u>

HFS的三個分量表分別顯示一個人傾向於寬恕自己（HFS自我寬恕）、寬恕他人（HFS他人寬恕）或寬恕超出任何人控制的情況，如自然災害（HFS情境寬恕）的程度。

分數越高表示寬恕程度越高，分數越低表示寬恕程度越低。

在HFS自我寬恕、HFS他人寬恕或HFS情境寬恕上總得分範圍為6至18分，分別表示此人通常不寬恕自己、他人或不可控制的情況。

總得分範圍為19至29分，表示此人寬恕自己、他人或不可控制的情況的可能性與不寬恕的可能性大致相同。

總得分範圍為30至42分，表示此人通常會寬恕自己、他人或不可控制的情況。

HFS總分

HFS總分（總寬恕指數）顯示一個人傾向於寬恕自己、他人和不可控制情況的程度。同樣是分數越高表示寬恕程度越高，分數越低表示寬恕程度越低。

HFS總分為18至54分表示此人通常不寬恕自己、他人和不可控制的情況。

HFS總分為55至89分表示此人寬恕自己、他人和不可控制情況的可能性與不寬恕的可能性大致相同。

HFS總分為90至126分表示此人通常會寬恕自己、他人和不可控制的情況。

大眾對寬恕有許多自己的定義，通常認為寬恕就等同於忘記，當我忘記了別人對自己做的壞事，或者是忘記了自己做過的錯事，那我就可以寬恕了；如果要寬恕那個曾經傷害過自己的人，就代表著我一定要跟那個人重修舊好，重整關係；寬恕代表著容忍別人或自己的過失；而寬恕別人對自己的傷害是自己面對施暴者的一種軟弱的表現。

上述這些想法都不是心理學中關於寬恕的定義，以上的想法都是一種比較被動的想法，例如要「等待」自己忘記了那些事才可去寬恕；要去「容忍」自己及別人的過失才能去寬恕；寬恕別人就「必須忍受」自己是軟弱這一點；寬恕代表要和某人重修關係，即使你並不太想這樣做。

從正向心理學的角度來說，所有健康的心理過程都一定伴隨著自我掌控感，是我們自己去決定要做什麼，並不是被迫去做什麼。同樣地，無論是寬恕別人或者寬恕自己，都並不是為了任何人，不是要和某人重整關係，不是為了要達成某人或社會的期望去容忍。寬恕，是一種放過自己、徹底解放自己，幫助自己不再受憎恨或後悔這種負面情緒束縛的行為。在放過自己的過程中，你同時培養著許多啟發人生的新觀點，你對人生有更多的感悟，你對人、對自己、對世界有更多的同理心，你能活出不一樣的人生，成為一個更好的人。

和快樂一樣，寬恕都是在意識層面上由你主觀控制的選擇，它不是被動的，而是一個主動的過程。當你選擇去寬恕別人或自己的時候，你將能踏出全新的世界。要留意的是，寬恕是一種自我感覺，是一種「從今天開始，某人某事已不再能對我造成任何心理上的傷害」的感覺。寬恕不需要任何具體行為，也就是說，當你寬恕了某人，並不需要讓別人知道，也就是上面所說的，當你寬恕了別人以後，你並不一定需要和某人重修舊好。如果這個人令你勾起很多不快的回憶，即使你寬恕了他，你也是絕對可以永遠不見他，這並不是一種逃避，而是並不需要。

寬恕自己或別人能為自己帶來相當多的好處，例如身心更健康（有助降低血壓水平、肌肉緊張度、焦慮和抑鬱反應等），更重要的是寬恕帶給個體更強的人生掌控感（sense of control），幫助自己走出陰霾，不再被某人某事左右自己的情緒。在社交方面，寬恕能提升社交滿意度，並增強在關係中的承諾感。然而，這並非我們跟別人重修舊好、修復關係而帶來的，而是當我們不再被怨恨束縛時，內心自然會產生更多正向情緒，而這些情緒有助於社交互動。此外，寬恕還能培養一個人更高的同理心（在寬恕的過程中十分重要），並增加對社區的關注。

寬恕其實並不是為了他人，
而是為了令自己變得更好。

Enright的寬恕發展水平模型

如果你想閱讀有關寬恕的心理學文獻，一定會常常見到Robert Enright[1]這個名字，他是該領域的大人物，現今很多關於寬恕的理論模型，都是出自Enright和他的研究團隊。

寬恕並不是一個非黑即白、非有即無的過程，而是分為不一樣的水平。不一樣的水平基於不一樣的原因、動機和條件，所以在寬恕上，是有一些比較健康並對個人心理發展有利的模式，也有一些「寬恕」是基於一些較不健康的基礎之上。這個心理學理論框架便是Enright和研究團隊提出的「寬恕發展水平」（Levels of Forgiveness Development）模型，也是Enright其中一個關於寬恕最有影響力的理論模型。這個模型展示了寬恕的六個發展層次，從最基礎的報復性寬恕到最高層次的愛之寬恕，反映了寬恕概念的心理發展進程。

寬恕的第一級：報復性寬恕（revengeful forgiveness）

這種寬恕基於是否能向施暴者實施報復，是最基礎的寬恕模式，實際上並非真正的寬恕。這種寬恕也是人們最容易理解、最直觀的寬恕，以「以牙還牙」為基礎，當對方受到同等痛苦的懲罰後，才值得被寬恕。這種寬恕通過報復平衡被害者的心理，緩解被傷害的感受。例子：李先生的汽車被鄰居小孩刮傷，他非常憤怒。當鄰居表示歉意並願意賠償時，李先生說：「好吧，我可以原諒你，但我要看到你兒子受到嚴厲懲罰，還要賠我雙倍修車費用，這樣我們才算扯平。」李先生所謂的寬恕，實際上只是在確保對方受到足夠懲罰後的一種表面態度，他內心仍然懷著報復心理，並不是真正的寬恕。

寬恕的第二級：補償性寬恕（restitutional or compensational forgiveness）

這種寬恕基於交換原則，只有在獲得損失補償後，或作為緩解自身內疚感的方式，心理達到平衡，才給予寬恕。這種寬恕代表了功利主義的道德思維。例子：張小姐發現同事王先生在團隊會議上沒有給她應得的工作認可，反而將她的創意據為己有。經過一番考慮後，張小姐決定「寬恕」王先生，但條件是王先生必須在下次部門會議上公開承認這個創意來自張小姐，並為自己的行為道歉。張小姐想：「只要他公開還我清白，我就不再追究此事。」這種寬恕是有條件的，基於獲得公正補償的交換原則。

寬恕的第三級：期望性寬恕（expectational forgiveness）

這種寬恕是由於受到社會規範或外部施加的壓力驅動下而產生的寬恕，並不是由個人自身的真正意願產生，而是為了符合他人期望或社會規範而選擇寬恕。產生這種寬恕的心理狀態是基於從眾心理（conformity）。例子：王太太在家庭聚會中被婆婆當眾批評廚藝不佳，令她十分難堪。雖然內心很受傷，但當其他家人勸她「大人不記小人過」、「為了家庭和諧要大度」時，王太太勉強表示：「我不在意了，算了吧。」她的「寬恕」不是發自內心的選擇，而是為了符合「好媳婦」的形象和避免被家人視為小器、記仇的人。實際上，她內心仍然感到憤怒與委屈，只是壓抑了這些情緒。

寬恕的第四級：法則性期望寬恕（lawful expectational forgiveness）

這種基於宗教戒律或道德法則的寬恕是遵循更高道德／宗教規範的行為。這個級別的寬恕不是為了緩解個人內疚，而是基於信仰或宗教教義、內化的道德準則或社會規範而來，是一種原則性的寬恕。這裡說的是經內化的由心而發的社會規範，並不是像第三級一樣由外部施加的社會規範壓力。例子：陳牧師是一位虔誠的基督徒，當教會內一位成員散播關於他的不實謠言，傷害了他的名譽時，他痛苦萬分。但在禱告後，他決定寬恕這位成員，因為《聖經》教導「要饒恕人七十個七次」。陳牧師的寬恕源於他對宗教教義的忠實遵循，即使內心仍有掙扎，他也選擇按照信仰原則行動，這不僅是為了順從外在期望，更是對他內化的信仰價值的忠誠。

寬恕的第五級：社會和諧寬恕（forgiveness as social harmony）

人們將寬恕視為維持社會和諧與良好關係的手段，並認識到寬恕的社會功能和集體利益，所以寬恕成為社會控制和維持和平關係的工具。這種寬恕反映了集體導向（group oriented）的道德思維和社會責任感。例子：林教授是一個研究團隊的負責人，發現團隊中的黃博士在一篇重要論文中犯了嚴重錯誤，差點導致論文被撤回。雖然林教授對此感到憤怒，但他深思熟慮後決定寬恕黃博士，因為他認識到「保持團隊和諧與信任對我們長期的研究合作至關重要，比起追究責任，修復關係更有利於團隊整體目標」。林教授的寬恕基於對團隊利益的理性考量，他看到了寬恕在維持社會結構和促進集體福祉方面的價值。

寬恕的第六級：愛之寬恕（forgiveness as love）

這是最高發展水平的寬恕形式。這種寬恕基於無條件的關愛和對他人內在價值的肯定，不依賴於社會背景或外部條件。寬恕不是控制對方，而是釋放對方和自己，也就是上述的「放過自己」，讓自己不再受怨恨所束縛。人們作無條件的寬恕，這個心理進程是基於對冒犯者作為人的內在價值與尊嚴的認可，不求回報，不附帶條件，徹底放棄復仇念頭。要達成這種層級的寬恕，人們必須超越自我中心（self-transcendence），達到大愛和關懷。驟眼一看，這種寬恕要求人有很高的「心理修為」，我想不是有太多人能做得到。例子：吳女士的兒子在一次酒後駕車事故中喪生，肇事者是一個年輕人。在極度悲痛中，吳女士經歷了漫長的情感掙扎過程。幾年後，她不僅寬恕了那年輕人，還主動聯繫他，關心他的生活狀況。當被問及為何這樣做時，吳女士說：「我的寬恕不是因為他值得，也不是為了任何回報或社會評價。我寬恕他是因為我看到他作為一個人也有痛苦、也有價值，他的人生不應該只被那一個錯誤定義。這種寬恕使我從仇恨的枷鎖中解脫，也給了他一個重建生活的機會。」吳女士的寬恕超越了條件、回報和社會期望，體現了一種基於普世人性關懷的無條件關愛。

從這個模型我們可以看出，寬恕別人跟做每件事的動機一樣，也是由不一樣的心理動機去驅使，形成不同的層次和質量。而寬恕的層次和質量，跟個人道德水平息息相關，寬恕能力會隨著個人道德和心理發展而提升。

Enright寬恕四階段模型

除了上述的各種寬恕的層級模型外，Enright和他的研究團隊提出的寬恕過程模型也是十分具有影響力。這個理論模型闡述了達成寬恕的詳細機制。跟各種心理學現象一樣，徹底了解背後的發生機制十分重要，因為這能夠令我們明瞭整個過程的真相，並以此作為基礎，發展介入方法（intervention）或心理治療（psychotherapy）方法，幫助每個人達到正向結果。這個模型將寬恕分為四個主要階段（four phases of forgiveness）：揭露階段（uncovering）、決定階段（decision）、工作實踐階段（work）和深化階段（deepening）。這四個階段包含了二十個具體步驟，形成了一個完整的寬恕旅程。以下將詳細介紹每個階段，並以一個虛構的案例貫穿始終作為解說。

虛構案例

小華是一名35歲的女性，三年前發現丈夫有外遇時，這段婚外情已持續近一年。當時小華感到極度震驚，憤怒和痛苦籠罩著她。雖然丈夫表示願意結束婚外情並且挽救婚姻，但小華發現自己無法釋懷，持續被憤怒、怨恨和不信任所困擾。被最愛的人背叛的她，是怎樣踏上這一條寬恕旅途的呢？

第一階段：揭露階段

揭露階段是寬恕過程的起點，在這個階段中，受傷害者需要面對並認清傷害對自己的影響。

第一步：檢視心理防禦（examination of psychological defense）

個體開始意識到在面對傷害時，自己可能採取的心理防禦機制（如否認、壓抑、合理化）[2]，這些機制可能短期內能保護自己，但長期會阻礙真正的痊癒。案例例子：小華最初告訴自己「這不是大事」（心理防禦機制中的否認），試圖忽視傷痛，在朋友面前表現得一切正常，但夜晚常常失眠、哭泣。在心理輔導過程中，她開始認識到這種表面堅強實際上是一種否認防禦。

第二步：面對憤怒（confrontation of anger）

個體承認、接納並表達對冒犯者的憤怒情緒，認識到憤怒是自然反應而非「不好」的情緒，並不需要掩飾這種憤怒情緒。案例例子：小華開始允許自己感受對丈夫的憤怒，並在安全的心理輔導環境中表達這些感受，包括「我恨他」、「我想讓他也嚐嚐這種痛苦」等想法，而不急於壓抑這些情緒。

第三步：承認羞恥與內疚（admittance of shame）

在勇敢表達憤怒情緒後，個體轉移去探索因傷害產生的羞恥和內疚感，特別是當受害者將事件歸因於自己時。案例例子：小華開始表達她的羞恥感，「我是不是不夠好？」、「是不是我的工作太忙，忽略了他？」，以及向家人隱瞞丈夫外遇的內疚。

第四步：察覺傷害的情緒承擔（awareness of cathexis）

個體認識到自己持續投入情緒能量在傷痛上，傷害雖由他人造成，痛苦卻是因為自己未能放下而延續。自己開始慢慢被這種憤怒及怨恨所束縛。案例例子：小華意識到她每天都花數小時反覆思考丈夫的背叛，檢查對方的手機和電郵，這些行為佔據了她大量精力，覺得無論精神或心理都背負著巨大的壓力。

第五步：重溫創傷（awareness of cognitive rehearsal of the event）

由於感覺到被憤怒所束縛，個體開始正視並回想傷害事件的細節，儘管這可能產生痛苦，但有助於全面理解傷害，全面理解整件事的細節。案例例子：小華開始能夠完整地敘述發現丈夫外遇的過程，包括當時的情境、對話和自己的反應，而不會陷入極度情緒混亂。

第六步：比較自己與冒犯者（the injured might be comparing self with the injurer）

個體看到自己與冒犯者的處境差異，有時會認為對方過得較好，產生不公平感，顯示出一種十分複雜的心理拉扯及不平衡感。案例例子：小華注意到丈夫似乎能夠較快地走出這件事，並表現得好像一切都已解決，這令她感到憤怒和不公。「為什麼我要承受這麼多痛苦，而他卻能輕鬆地繼續生活？」

第七步：認識到永久改變（realization that one may be permanently and adversely changed by the injury）

經歷心理上的混亂後，個體開始接受因傷害事件而產生的永久改變，意識到一些東西永遠無法回到從前。案例例子：小華理解到這段婚姻已經永遠改變，即使選擇繼續婚姻，也不會是過去那種毫無疑慮的信任關係，需要建立一種新的關係模式。

第八步：轉變對公正世界的看法（insight into a possibly altered just world view）

個體經歷傷害，得到轉變人生觀的看法，開始產生新的世界觀，調整「世界是公正的」這一信念，接受有時壞事會發生在好人身上。案例例子：小華曾相信「只要做一個好妻子，婚姻就會幸福」，現在她開始接受生活中存在不確定性和風險，沒有絕對的保證。

第二階段：決定階段

在第一階段中，個體經歷了各種心理上的掙扎和混亂，終於得到一些新的啟發，認為世界已經永遠變得不一樣，原地踏步實在無補於事，所以在第二階段，受傷者開始考慮寬恕作為一個選擇，嘗試將自己解放於憤怒和不忿之中，並朝向寬恕這個方向邁出第一步。

第九步：轉變視角（a change of heart/conversion/new insights that old resolution strategies are not working）

受傷者認識到過去的應對策略可能無效，開始考慮寬恕作為另一種可能的選擇。案例例子：數月的憤怒和怨恨後，小華意識到這些情緒主要傷害的是自己，並開始思考是否有其他方式面對這個傷害。她開始閱讀有關寬恕的書籍，思考寬恕對她意味著什麼。

第十步：決定寬恕（willingness to consider forgiveness as an option and decide to forgive）

為了不再被受傷事件所束縛，受傷者做出寬恕的初步承諾，這不是情感狀態的改變，而是一個行為方向性的決定。案例例子：小華並非立即寬恕丈夫的行為，但她做了一個決定，她想要嘗試走向寬恕，不再被這些負面情緒控制生活。她明白這將是一個過程，而不是立刻能達成的狀態。

第三階段：工作實踐階段

心境一變，圍繞著你的世界就會隨之而變，人們永遠都用著自己的濾鏡去感知世界和別人，那個濾鏡不變，那麼你看到的世界也永遠不變。在寬恕的工作階段中，它是關於受傷者如何重塑自己的認知想法（reframing cognitive principles），只有改變了認知想法，我們才能有新的行為去作出寬恕。這個工作階段是寬恕過程的核心，在這個階段，受傷者積極重構對冒犯者的理解，轉變情感和行為。

第十一步：重新理解（reframing, through role-taking, who the wrongdoer is by viewing him or her in context）

受傷者嘗試從更廣闊的視角（上帝視角，將自己拉出到事件之外，以旁觀者去觀察並理解事件）去理解冒犯者及其行為，包括其成長背景、壓力和脆弱性。案例例子：小華開始努力理解丈夫的行為背景。她了解到丈夫在工作中面臨巨大壓力，且成長於一個情感表達受限制的家庭。這不是為他的行為辯解，而是試圖理解導致其行為的複雜因素。

第十二步：培養同理心（empathy and compassion toward the offender）

同理心可算是達成寬恕最重要的心理特質。受傷者嘗試從冒犯者的角度感受對方的經歷和情緒，發展對其人性的理解。案例例子：小華開始想像丈夫的內心感受，包括他可能的孤獨、對自己行為的內疚，以及現在想要修復關係的渴望。她意識到丈夫同樣是一個有缺陷的人類，而非純粹的「壞人」。

第十三步：接受痛苦 （bearing/accepting the pain）

受傷者理解了冒犯者後，接受痛苦的存在而不轉嫁，停止將痛苦再次施加於冒犯者或他人。案例例子：小華停止了不斷提醒丈夫的錯誤，也不再透過冷漠或諷刺來懲罰他。她接受自己的痛苦，但選擇不讓這痛苦成為傷害他人的工具。

第十四步：給予道德禮物（giving a moral gift to the offender）

受傷者向冒犯者展示新的態度和行為，如尊重、同情，這些是「禮物」，因為冒犯者可能不配得到或未曾要求。要注意的是，這種道德禮物並不需要親身去傳達，它可能只是一種對冒犯者的感覺。案例例子：雖然丈夫的行為曾傷害她，小華開始主動表達對丈夫日常努力的肯定，願意傾聽他的感受，並以更開放的態度參與婚姻輔導。

第四階段：深化階段

在最後階段，寬恕的意義得到擴展，受傷者從經歷中找到更廣闊的意義，並可能體驗到個人成長，甚至是創傷後成長（post-traumatic growth），重新找到人生目標及意義。

第十五步：發現人生新意義（finding meaning for self and others in the suffering and in the forgiveness process）

受傷者在受傷過程中，不斷反思，透過痛苦和寬恕過程發現新的人生意義和目標。案例例子：小華開始反思這段經歷教給她的生命課題，包括關係中的界限設定、自我價值不依賴於他人，以及她希望在未來成為一個如何的人。

第十六步：體會到自己對他人寬恕的需要（realization that self has needed others' forgiveness in the past）

受傷者同時認識到自己也曾需要他人的寬恕，增加對普遍人性脆弱性的理解。案例例子：小華回顧自己生命中曾經犯的錯誤，包括對父母的頂撞、對朋友的忽視，以及自己婚姻中的不完美之處。她開始理解每個人都會犯錯，也都需要被寬恕。

第十七步：感受到不再孤獨（insight that one is not alone）

受傷者認識到痛苦是人類共同經驗的一部分，減少孤立感。案例例子：通過參加支持小組，小華發現許多人都經歷過類似的背叛和痛苦。這種共同經驗讓她感到被理解，不再孤單。

第十八步：發現內在情感釋放（awareness of internal emotional release）

受傷者注意到隨著寬恕進程，負面情緒逐漸減少，情感能量得到釋放。案例例子：小華發現自己不再被憤怒和怨恨佔據思想，能夠更專注於工作和其他關係，晚上睡眠質量改善，也能夠更輕鬆地笑了。

第十九步：找到新的目的（new purpose in life）

受傷者逐漸從陰霾中走出來，在痛苦經驗中得到個人成長的啟發，發現新的生命目的或方向。案例例子：經過這段歷程，小華決定利用自己的經驗幫助其他經歷婚姻危機的女性，她開始參與社區支持團體，並考慮進修心理輔導碩士課程。

第二十步：體驗超越力量（the freedom of forgiveness）

有些人在寬恕過程中會體驗到超越個人的力量（如靈性或信仰支持）。案例例子：雖然小華之前不是特別宗教性的人，但在這個過程中，她開始更多地思考生命意義和連結的問題，發展出一種更深的靈性理解，認為寬恕不僅是為了對方，也是為了自己的心靈成長。

在經歷了這二十步寬恕旅程的一年後，小華的婚姻有了新的開始。小華不再被往事纏繞，雖然偶爾想起來還是會感受到痛苦，但情緒已不再那麼強烈。她建立了新的信任方式，設定了更清晰的關係界限，丈夫也持續證明自己的改變，兩人的溝通變得更加開放和誠實。

小華理解寬恕是持續的旅程，而非單一事件。她反思道：「寬恕並不意味著我認同他的行為是對的，也不代表我忘記了發生的事。寬恕是我選擇不再讓那段痛苦經歷主宰我的生活，而是從中學習和成長。現在的我比以前更堅強，也更了解自己的價值。」

從受傷害到寬恕這個過程不是線性的，受傷者可能在不同階段之間來回移動，或同時經歷多個階段的元素。然而，無論過程中如何曲折或糾結，最終指向的仍是內心的和解與釋放，重新掌握情感的自主權，成為一個更好的自己。

閱讀清單分享

Enright, R. D. (2001). *Forgiveness is a choice: A step-by-step process for resolving anger and restoring hope*. American Psychological Association.

真正的寬恕是一個內在的心理和情感轉變過程，
需要時間的沉澱、耐心的培養和持續的努力。
過程中往往帶來心理健康的顯著改善
和個人成長的機會。

註釋

1. Robert Enright是現代寬恕研究的先驅者。他是威斯康辛大學麥迪遜分校（University of Wisconsin-Madison）教育心理學系的教授，並創立了國際寬恕研究所（International Forgiveness Institute）。Enright教授於1970年代末期開始研究寬恕，當時這一領域在心理學中幾乎未被探索。他最重要的貢獻是將寬恕從純粹的宗教或哲學概念轉化為一個可以科學研究的心理學概念。他開發了「過程模型」（Process Model of Forgiveness），這是第一個系統性描述人們如何寬恕他人的心理模型，包含揭露、決定、工作和深化四個主要階段，總共涵蓋二十個具體步驟。他同時提出了「寬恕發展水平模型」，揭示了從最基礎的報復性寬恕到最高層次的愛之寬恕的六個層次，這一模型與Kohlberg的道德發展理論有相似之處，展現了寬恕概念如何隨著個體心理發展而成熟。Enright進行了大量的實證研究，證明寬恕干預的效果。他的研究橫跨不同人群，包括：被伴侶背叛的成年人、親密關係中遭受暴力對待的女性、面對親人因酒後駕車事故而死亡的家庭、經歷性虐待的倖存者、喪失親人的哀悼者、面對歷史創傷的不同族群等。這些研究證明，通過有系統的寬恕過程，參與者不僅減少了憤怒、焦慮和抑鬱等負面情緒，還提高了自尊、希望感和積極情緒，甚至在某些研究中發現心理健康的改善伴隨著生理健康指標的改善。

2. 心理防禦機制是Sigmund Freud精神分析（psychoanalysis）理論中的核心概念，最初由Sigmund Freud提出，後由其女兒Anna Freud在其著作《自我與防禦機制》（*The Ego and the Mechanisms of Defense*）中系統化發展。心理防禦機制是自我（ego）用來保護個體免受焦慮、威脅，或不可接受的思想、感受的無意識心理操作。從進化心理學的角度看，防禦機制可視為心理免疫系統的一部分，就像身體免疫系統保護我們免受生物威脅一樣，心理防禦機制保護我們的心理健康免受情緒痛苦的嚴重衝擊。

防禦機制的主要特徵包括：

無意識性：大多數防禦機制在無意識層面運作，個體通常不會察覺自己正在使用它們。

自動性：自動啟動，無須刻意思考或決定。

扭曲現實：通過改變個體對現實的感知來減輕焦慮。

適應功能：短期內有助於管理壓力和情緒困擾。

潛在代價：長期或過度依賴可能導致心理僵化和適應不良。

較成熟的防禦機制則包括：

壓抑（repression）：將不可接受的思想、衝動推入無意識（例如：忘記童年創傷經歷，無法主動回憶）。

合理化（rationalization）：為行為創造合理但非真實的解釋（例如：考試失敗後認為這門課對未來事業發展沒實際用途）。

轉移（displacement）：將針對一個對象的情感轉向另一個較安全的對象（例如：工作受挫後回家對家人發脾氣）。

昇華（sublimation）：將不可接受的衝動轉化為社會認可的活動（例如：將衝動情緒和行為轉化為競技運動或辯論）。

反向形成（reaction formation）：以相反行為掩蓋真實感受（例如：對某人有強烈敵意卻表現得過分友好）。

靈性

第七章

這一章我會談談正向心理學中關於靈性（spirituality）的論述。大眾對靈性的印象一般是比較宗教及哲學導向的。的確，心理學中的靈性和宗教中的靈性是有重疊的。在心理學中，靈性是個體對意義（meaning）、目的（purpose）和超越性（transcendence）的主觀體驗與追尋，包括與自己、他人、自然、宇宙或超越力量的連結感。和宗教上的靈性定義不一樣，它不一定需要在宗教儀式和場景中達成，也就是說，無論個人有沒有宗教信仰，都可以追求靈性的生活發展及實踐。

大家可以從以上的定義看到靈性的兩個重點——人生意義和自我超越（self-transcendence），所以靈性和人生意義感是高度相關的。在第一章〈幸福人生〉中曾提及，從現今心理學中，其中一個定義將人生意義感（meaning in life）分成三個互相連結的維度，包括對生命章節的理解（連貫感，sense of coherence）、人生目標（目的感，purpose in life）和人生重要性（重要感，sense of significance）。這三個維度可以說是有一個次序的，我們必須要好好地理解自己的生命（makes sense of our life），才能找到自我身份；只有能理解自己的人，才有條件理解到自己的人生目標是什麼；而當你擁有人生目標，你才會感到自己在世上是有重要性的。

在靈性和相關研究課題中，靈性的表現在於兩大特徵，一是自我超越，二是神聖化（sacredness）。這兩個特徵和人生意義都息息相關。大家可以這樣去嘗試理解：自我超越是獲得人生意義的重要條件，而神聖化是自我超越其中一種表現出來的附加模式。看起來好像十分抽象吧？以下會為大家詳述自我超越和神聖化這兩個靈性的主要部分。

自我超越

我相信大家無論來自哪個領域，或多或少都聽過人本主義心理學家Abraham Maslow的需求層次理論，這理論在今天被各種領域的人廣為傳播（也常常被過分簡化並扭曲理論事實），令許多人知道人類的需求可分為數個水平，從底層到頂端依序為：生理需求、安全需求、歸屬與愛的需求、尊重需求，以及自我實現需求。

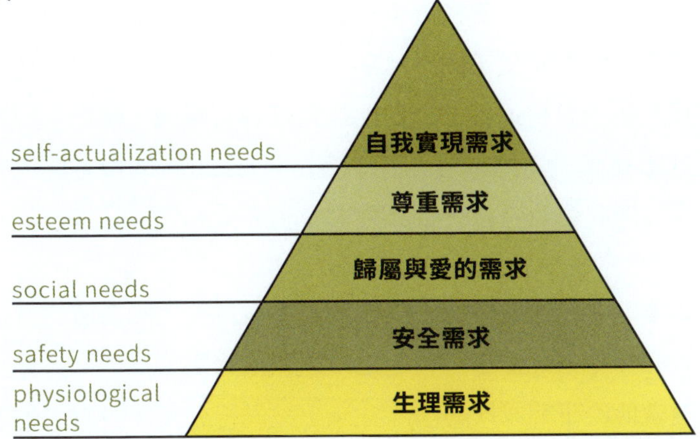

生理需求位於金字塔最底層，包括維持生命必需的基本條件，如食物、水、空氣、睡眠和性等。例如李先生因公司倒閉而失業六個月，當他的積蓄逐漸耗盡，房租和食物成為最迫切的擔憂，這時他的注意力幾乎全部集中在這些基本生存需求上，對自我發展的興趣暫時被擱置。Maslow認為，只有當這些生理需求得到基本滿足，人們才能關注更高層次的追求。

安全需求涉及身體、經濟、健康，以及抵禦生活中各種威脅的保障。例如張女士搬到一個犯罪率高的社區後，發現自己經常擔憂門窗有否鎖好，晚上難以入睡，白天也很難專注工作，這正是安全需求未被滿足帶來的影響。同樣地，疫情期間許多人囤積日用品，也是安全需求被激活的典型表現。

當上述兩層需求得到合理滿足後，歸屬與愛的需求變得突出。人們渴望友誼、親密關係和家庭連結，希望成為群體的一部分。例如，大學新生王同學離家到外國求學，儘管學業出色，卻感到莫名的空虛和孤獨，直到他加入學校合唱團，找到了「自己人」的歸屬感，負面情緒才逐漸緩解。Maslow強調，現代社會中許多心理問題源於這一層次需求的缺失。

尊重需求分為兩個方面：自尊（對自己能力和價值的肯定）和他人的尊重（社會認可和地位）。例如趙醫生在專業上非常成功，但當他的研究成果在國際會議上被同行公開讚賞時，他感受到一種與單純的物質成就不同的深刻滿足。Maslow指出，健康的自尊建立在真實能力和他人真誠認可的基礎上，而非虛假的讚美或膨脹的自我。

金字塔頂端是自我實現需求，指個體發揮全部潛能，實現理想中最佳狀態的渴望。這一需求高度個人化，例如對藝術家陳女士而言，可能是創作出表達內心真實視野的作品；對科學家林教授來說，可能是解決困擾學界多年的理論難題；對退休教師吳先生而言，則可能是在社區中創建讀書會，傳遞他畢生的文學熱情。Maslow認為只有少數人能達到真正的自我實現狀態。

這五個層次是一般我們了解該理論的主要內容，全部都是圍繞著個人發展，像是一個圓圈，你從0到100把這個圓圈填滿。自我實現基本上就是活出屬於自己的所有，就像把自身的圓圈填滿。

即使來到自我實現這一步，也都只停留在個人層面；但人不只是個人，人也和其他人組成連結，以建構世界觀。人之所以感受到自身的重要性，往往源於個人對他人的影響，以及對共同建立的世界所帶來的貢獻。因此，若然只關注個人的需求，可能會無法全面了解個人需求的整個版圖。於是，晚年的Maslow將自我超越需求（指超越個人利益，致力於服務他人和更大目標的需要）添加至模型頂端[1]，認識到人類最高層次的滿足來自於超越自我中心。

「人們對自身潛能的充分實現，
成為他們有能力成為的一切。
自我實現者真正展現了他們內在的本質，
這是對人類整體潛能的全面實現，而非部分實現；
就像他們接受了自己的內在本性，而非經常抵抗它，
或否認它、扭曲它、壓抑它。」

Abraham Maslow

從以上的定義可見，自我超越指的是你生命的重心不只放在自我身上，而是開始將重心轉移至他人或社會（例如你的工作是致力解決世界貧窮問題）。這裡指的不只是那種極端，例如某人會奉獻自己的生命去拯救地球，這種無私的人是聖人，但現實中不多。普通人也是可以達成自我超越的，例如當去到某個人生階段，你關注的開始並不只是個人成就、學歷、稱謂、金錢，你開始覺醒並想聚焦於一些能為世界、為他人、為家人、為下一代帶來貢獻的事情並付出努力的時候，你已經是循著自我超越的方向進發了。

人生目標的三個階段

自我超越在各種心理學理論中都一致性地被視為能真正達至人生意義感的重要（甚至是必要）因素，只關注自我的人生目標並不能帶來真正的人生意義感。知道人生目標這回事從來都不是容易的，它可以分為三個階段：

- 沒有或模糊的人生目標
- 自我傾向的人生目標
- 超越自我的人生目標

「自我超越指的是個體超越自我中心關注的能力，
致力於他人福祉或更大使命的心理狀態。
它超越自我實現，代表人類動機的終極階段，
即超越自我，服務於超個人目標或召喚。
自我超越的人傾向於專注自身之外的使命，
奉獻於某種工作、責任或召喚。
這種召喚將他們引向超越自我關注的服務，
使他們融入更大的整體。」

Abraham Maslow

在沒有或只有模糊的人生目標時，個體需要積極去尋找屬於自己的人生意義感，在這個階段，最有效的方法是擴大自己的生活圈子，參與多種類的生活體驗，並在過程中多作思考及反思去增強心理上的富有度（詳見第一章）。它就像是一個反覆試驗（trial and error）的過程，透過和不同的人接觸、參與不同種類的活動，吸收各種各樣生命的養分，然後透過自己不斷為這些養分作整合，有一天你可能會有所覺悟，知道自己該往哪個方向走。

當找尋到人生意義時，有可能是比較自我導向的，也有可能是超越自我的，而更多可能是兩者並存。例如，我想名成利就，因為這樣我便更有能力去影響他人貢獻社會。在兩者並存的人生意義中，自我和超越自我的動機成分按某個比例存在，當人生目標比自己的福祉更大時，能為你帶來真正的自我超越感，帶來更深刻的人生意義。

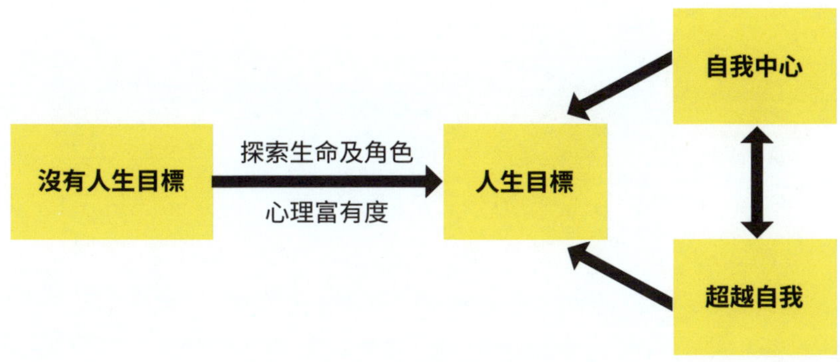

人生就是當有一天某些人某些事走進生命後，

生命的方向就會徹底變化，或好或壞。

在追尋人生目標的意義時，需要很長時候的浸淫及反思，每個人所需要的時間都不同，難以預計。這個過程並不能過分刻意追求，不然只會本末倒置，走火入魔；真正重要的是認真過生活，保持開放的心態，積極接觸和參與不同的人和事，並享受向別人學習，累積生活經驗。同時要不斷提升自己，深入地了解自己，尋求你個人最關注或認為最有價值的事情。這種感悟無法從抄襲別人而來，他人的成功並不代表也適合你，每個人都要自我探索，找出一條屬於自己的道路。

以下分享一下我的故事。十二年前我取得博士學位，之後和各位讀者一樣，一直在尋找自己的人生目標。在博士訓練中我並不太喜歡該領域的研究課題（我當初是做人類如何辨識中文字的機制研究），導致那四年的學習和研究生涯過得比較空洞，也沒有什麼特別的回憶，內心比較空虛而缺乏人生方向。到後來出來工作後，從教學中得到好多滿足感，卻因此放棄了學術研究；後來過了大約五年教學生涯後，覺得只是教學的話並不能保持自己的學術水平，必須重投研究才行，卻因為博士訓練的專業領域與我的興趣不符，始終無法投入其中，我覺得該領域並不屬於自己，跟我人生中真正關注的東西毫無關係。在這個過程中，我不斷問自己：「你最有興趣的課題是什麼？什麼課題能讓你感到熱情所在？」

經過數年的沉澱，答案慢慢在意識層面浮現，我喜歡探索有關人生目標和人生意義的領域，認為它們對每個人來說都十分重要，所以便決定將這個課題成為我其中一個主要研究路線，並開設社交媒體專頁，用文章及podcast等方式鼓勵其他人尋找理想。近來卻又到了另一個關口，我認為我的理想過分建基於個人成就感之上，而缺乏一種超越自我（bigger than myself）的性質。所以我最近又再開始思考：「不再是為了個人名聲、榮耀，那麼超越自我的目標是什麼？」這個問題我最近開始有一點頭緒，但仍然在尋找最終的答案。

若你現在仍然迷惘中，沒關係，我們在每個階段都在尋找自己人生的意義，在不一樣的人生階段會有不同的變化，我們就只管用心去生活、用心去感受及思考，生活自然就會告訴你當刻的答案。

跟快樂和心流一樣，自我超越感不能故意去追求，例如刻意找一個造福世界、貢獻他人的目標來追尋，這樣的話，你的真正動機其實是為了滿足自己那個「超越自我」的渴求，那只是屬於自己的慾望，並不是想貢獻世界和他人，最終也只是一個自我傾向的目標。同理，自我實現也是不能這樣故意地強求，有心理學理論認為，當你正在超越自我時，你也同時在實現自我，自我實現其實是自我超越的副產品。

神聖化

靈性除了超越自我這個面向外，第二個面向就是將自己所做的工作及人生目標「神聖化」。正如心理學家Kenneth Pargament將靈性定義為「對神聖事物的搜尋過程」，而這裡的「神聖」不限於宗教概念，而是指被賦予特殊意義、超越世俗的事物。被「神聖化」的工作及人生目標，來源於和自我身份絕對一致的內在動機，以致你就等同於那份工作、那個人生目標，所以你會絕對尊重被「神聖化」的人生目標，並將之視為如生命一般重要。

神聖化將傳統上與神聖相關的品質（如無限、超越、終極價值、神秘等）賦予日常的人事物。例如，一位母親可能將養育孩子視為神聖召喚（calling），或將自己的婚姻視為充滿無條件的愛與永恆承諾。神聖化並非僅存在於傳統宗教實踐中，現代人同樣可以體驗神聖化過程，只是表達方式更加個人化與多元化。無論是環保主義者視大自然為神聖整體的一部分，還是科學家將探索宇宙奧秘視為接觸終極真理，都反映了神聖化的心理動態。

日本「匠人精神」（shokunin kishitsu）就是神聖化的其中一個最佳例子。匠人精神不僅是技藝的精進，更是將平凡工作轉化為神聖道路的心靈修行。這種精神體現於日本多種傳統工藝中，從刀的鍛造、陶藝到木工建築，每一領域都展現出神聖化的獨特表達。例如壽司大師小野二郎、鍛刀師河內國平、陶藝大師濱田庄司等日本著名匠人都本著工藝即修行的匠人精神，惟精惟一，在技藝登峰造極之際，同時自我修為也達至化境。這種匠人精神就是神聖化事物的絕佳例子。

神聖化與自我超越作為靈性體驗的兩個核心維度，存在緊密而相互促進的關係。神聖化提供了自我超越的心理基礎，而自我超越則深化並延伸了神聖化體驗。神聖化通過重新定義並理解（reframing）平凡活動的意義，創造了自我超越的條件。這意味著神聖化是我們透過重新演繹各種人事物去造就的，每種人事物我們都可以將之神聖化。當日常經驗被賦予神聖意義，個體更容易超越自我中心視角，體驗與更大整體的連結。例如那些將照顧工作視為「神聖召喚」的護士，比單純視之為職業的同事更能夠應對工作壓力，而這種現象亦適用於各類職業，神聖化令工作產生意義感與滿足感。自我超越經驗反過來也強化了神聖化的過程。當個體感受到自我與更大的整體合一的瞬間（如對大自然的敬畏體驗、深度冥想狀態或心流體驗），這些經歷往往被回溯性地理解為「神聖時刻」，並促使個體將相關活動或情境神聖化。例如，一位登山者在高峰體驗自我與山岳融合的強烈合一感後，可能開始將登山活動本身視為神聖實踐，賦予其超越休閒娛樂的意義。

在宗教參與度普遍降低的現代社會，神聖化與自我超越以新形式出現在世俗生活中。許多人透過日常活動（如養育子女、建立事業、從事藝術創作、運動或與大自然接觸）體驗靈性維度，這些活動因被賦予超越個人的意義而獲得神聖地位。

靈性和人生意義

靈性這個概念主要涉及自我超越及神聖化這兩個維度，它們和人生意義感高度相關，莫論先後次序，自我超越、將人生目標或工作神聖化，以及人生意義，它們基本上都是高度互相影響。所以靈性的實踐會為我們帶來許多和人性意義感相似的正向效果。例如靈性與生活滿意度呈正相關，兩者都被認為是幸福感的重要因子。靈性資源有助於創傷後復原；靈性實踐可減輕焦慮、抑鬱症狀；靈性感強的個體往往展現出更高的壓力調適能力等。

人生意義是人類的一種本能動機。著名心理學家Viktor Frankl提出的意義理論代表著20世紀存在主義心理學的巔峰成就，其深刻洞見源於他作為納粹集中營倖存者的親身經歷與作為精神科醫生的專業觀察相結合。Frankl在《活出意義來：從集中營說到存在主義》（*Man's Search for Meaning*）一書中提出了革命性觀點，他認為人類最根本的動力既非Sigmund Freud所言的「快樂意志」（will to pleasure），也非Alfred Adler強調的「權力意志」（will to power），而是「意義意志」（will to meaning），即對生命意義的追尋。只有人類在尋找意義失敗的時候，人們才會將內心的空虛以享樂及爭名奪利作為補償。例如當一個人生命沒有意義感，他會尋求各種刺激享樂（例如吸毒、賭博等）去填滿內心的空虛；又或者他會用權力來支撐本來空洞的內心。Frankl認為人類能夠承受幾乎任何苦難，並從中去理解這個過程。在集中營的極端環境中，Frankl觀察到那些保有生存意志的人，往往是那些仍然相信生命中有某種未完成使命的人。他論述意義可通過三條主要途徑實現：

1. 創造性價值（透過工作與創造給予世界）
2. 體驗性價值（從世界接收愛、美與真理的體驗）
3. 態度價值（在無法改變的苦難面前仍然能令自己相信生命是有意義的）

Frankl特別強調第三條途徑的重要性，指出即使在最極端的受害者處境中，人仍保有「最後的自由」去選擇面對處境的態度（這也是各種正向心理學理論的核心思想，人有選擇去令自己感受到不一樣的情緒面向）。他認為意義是具體而個人化的，隨每個人、每個處境而變化，猶如下棋時每一步的最佳著法取決於當前棋局。

Frankl強調意義不是被創造的，而是被發現的，是通過覺察生活向我們提出的問題並負責任地回應。也就是說，意義不能強求，而是一種副產品。人的根本特質在於自我超越，惟有指向超越自身的某物或某人，才能實現真正的自我。自我實現只能作為自我超越的副產品而來，直接追求自我實現反而導致存在空虛（existential vacuum）。生命無時無刻向我們拋出問題，而有意義的生活就是通過我們的行動、體驗與態度，對這些問題作出負責任的回應。

人類屬於大自然的一員，亦是其中一種最強社會化的動物。真正適合和有利於人類的事物，必定是和人類的本質相契合，也就是和自然之靈連結。所以人在大自然的環境，如欣賞日出或日落，往往令人感到舒適；和動物一起，往往能療癒人心；人與人之間的關係也是生命中最珍貴的東西。

人類有靈，大概就是因為人類擁有高度的自我意識，追求生命的意義之外，甚至會追求更高層次的精神價值。

閱讀清單分享

Frankl, V. E.(2006). *Man's search for meaning*. Beacon Press.（原著於 1959 年出版）

Pargament, K. I.(2011). *Spiritually integrated psychotherapy: Understanding and addressing the sacred*. Guilford Press.

註釋

1. 雖然Maslow的理論被簡化為嚴格的階梯式金字塔，但他本人強調這些層次並非絕對分離。在現實中，多層次需求往往同時存在，只是優先性不同。例如，藝術家可能忍受著物質匱乏去追求創作（自我實現），或有人在災難中冒險救助陌生人（自我超越高於安全需求）。此外，不同文化和個體間存在顯著差異，某些集體主義文化可能更看重歸屬與愛需求而非個人化的自我實現。

日誌書寫和人生意義

第八章

第一至第七章中，我跟大家分享了心理學中關於人生意義的多種理論。心理學對於人生意義的定義包括三個部分，即三元模型（tripartite model），提出意義感不是單一維度的心理體驗，而是由三個相互關聯但概念獨立的元素構成，包括連貫感（coherence）、目的感（purpose）和重要感（significance），它們對生命的連貫感就像是一個基礎，為我們帶來自我身份的感知。當我們知道「我是誰？」後，我們就能知道自己的熱情所在，從而帶來人生目標。

由於連貫感為一個重要基礎，以下我會主力介紹這一個概念。雖然在第一章中也有相關內容，但這裡會加以闡述連貫感這個重要概念。連貫感是個體對自我生活及生命章節的理解，這種理解在於如何解釋生命各個階段的高低起伏，以及它們是如何連結在一起的。當一個人能夠理解及解釋自己的生命進程時，就像一個科學家可以解釋某種自然現象發生的機制，你就開始感覺到對自己生命的掌控感。能夠理解並解釋事物發生的機制，代表著你開始能預測生活事件，因為你知道在你的人生之中，你會因為做過什麼而得到什麼，所以在未來你也能重製成功或避開失敗。這種對自我生命的理解力提供一個「世界如何運作」的認知框架，將分散的生活事件整合為一個連貫的生命故事，令你在變化和轉折中保持身份連續性。高連貫感與更好的心理適應、更少的焦慮和更強的心理韌性相關。當人們能夠「理解」自己的經歷時，即使是痛苦的經歷也較少引起存在性焦慮。相反，當一個人缺乏連貫感，他無法理解「為什麼事情會這樣發生」，這往往導致對自我生命的混亂感。

既然生命的連貫感如此重要，我們又可以如何增強它呢？其中一個最容易做到的方法——寫日誌（journaling）。

如果大家有留意世界各地那些「成功人士」（不論是實質事業上或身心靈上的成功）的分享時，其中一樣他們每天或者常常會做的事便是寫日誌（其他的包括冥想、運動及持續學習等）。那為什麼寫日誌能令我們更了解自己的生命，提升連貫感呢？

語言是思維的載體，日常生活中，我們對各種事件有很多體會和感受，但單憑腦海中的「語言」（以聲音的形式存在）難以清晰地梳理複雜的感受。因此，我們必須依靠文字語言，才能有效地將複雜的情感和想法記錄下來。每當下筆時，你的大腦必須先用力去思考和整合各種腦海中的感受，文字是思維的精煉，藉著書寫日誌，我們能夠整理生命中的片段，更深入地理解自己的生命。

理解自己的生命為找到人生意義的第一步，以下我將介紹各種相關的心理學理論去反覆論證這一點。

故事即自我，敘事創造意義

人類都是說故事者（storyteller），我們的大腦都是以故事形式來理解這個世界。兒童從小就能理解和創造簡單故事，而最能感染人心的事物全是故事。宗教是一種故事，奢侈品牌是一種故事，甚至在網絡世界中廣受歡迎的網紅的人設都是一種故事。我們的大腦很容易理解故事，側面反映了我們用故事的形式來理解事物，包括理解生命。這種「以故事理解人生」的觀點就是美國心理學家Dan McAdams提出的敘事心理學（narrative psychology）的核心思想。

敘事心理學研究人們如何通過生命故事（life stories）形式組織經驗、理解自我和建構意義身份（敘事身份，narrative identity）。敘事身份是敘事心理學的核心概念之一，指個體通過自我的生命故事去構建和維持的身份認同感。這種自我故事構建整合了過去記憶、當刻經驗和未來期望，提供了連貫性和目的感。

敘事心理學提出，故事不僅是交流工具，更是人類組織和理解經驗的基本認知結構。我們的生活事件本身沒有固有意義，而是通過敘事過程獲得連貫性和意義（how do we make sense of the events），因為生活中的人事物，所有意義都是由我們主觀地賦予的。人們不僅僅講故事，人們本身就是故事。敘事過程並非簡單地回憶事件，而是將分散的生命片段編織成具有情節、主題和意義的故事。這個過程正正在日誌寫作中完美地展現，在每天的日誌寫作中（這裡並非指單純記錄生活的「流水帳」，而是對生活的反思和分析），我們對生命中發生的「關鍵事件」作分析，我們識別並深入探索生命中的高峰、低谷、轉折點和重要決定時刻，並為這些經驗定下意義，定下屬於自己生命的故事。我們不僅活在故事中，更活出故事來。而在這個過程中，意義不是被動地發現，而是通過將生命片段編織成連貫的整體被創造出來。這正正就是人生意義中的連貫感。

探尋自我：Erikson的同一性理論

連貫感是找尋自我身份的重要基礎。那什麼是自我身份？心理學家Erik Erikson的心理社會發展理論（Psychosocial Development Theory，詳見前作《人生心理學——關於人生這回事，心理學理論怎樣說？》）的其中一個核心概念「同一性」（identity），能幫助我們理解何謂自我身份。自我身份，或者用專有學術名詞「同一性」，為我們理解人如何在一生中找尋自我與意義，同時提供了除「敘事身份」外的另一個視角。

Erikson提出人生發展包含八個階段[1]，每個階段都涉及一個特定的心理社會危機。在這八個階段中，青少年期的「身份認同vs.角色混淆」（identity vs. role confusion）危機尤為關鍵，這一階段（約12至18歲，即中學至大學階段）的核心任務是形成連貫的自我感，解答「我是誰」的根本問題。Erikson認為，同一性是個體對自身過去、現在和未來的一致性感受，同時也是個體與社會環境之間的連結，這種理解和人生意義理論框架中的連貫性是一致的。

形成「同一性」這個過程涉及多個層面的探索（exploration）與承諾（commitment）。例如在職業選擇上，我們會問自己：「我要成為什麼樣的人？」職業不僅關乎謀生手段，更反映個體如何在社會中定位自己，並通過工作實現人生價值。在意識形態上，我們也會問自己相信什麼理念和故事，這些故事體現在包括政治、宗教、道德價值觀、性別角色認同等深層信念系統上，為個體建立一種世界觀。

為何理解自己的身份（同一性）對人生意義如此關鍵？

人生意義很大程度上來自於能否將分散的經驗整合為有意義的整體。同一性的核心功能正是提供這種連貫性，它將過去、現在和未來連結在一起，為生命提供持續性和方向感。當我們擁有穩定的同一性，即使面對生活變化，我們仍能保持核心自我的連貫感。相反，同一性混淆狀態下的個體則感到生命碎片化、無方向，難以找到行動的內在指南。這種狀態往往伴隨著空虛感、無意義感和存在性焦慮。用一種很通俗的說法去理解，擁有身份認同（同一性）的人的內心充實而穩固，因為他知道自己是誰，知道自己的喜惡，知道自己的熱情所有，內心的安穩令他能夠抵抗外間的風雨，不會那麼容易受環境或別人影響。這跟沒有身份認同（同一性）的人不一樣，他們的內心是空洞的，就像一個空的水瓶，風一吹就倒了。

同一性危機與意義危機經常一起出現，例如許多人在中年或其他人生轉折點（如失業、患病、失戀失婚等）經歷的「中年危機」或「存在性危機」，本質上都是同一性的重新評估與重構。在面對人生重大轉變時，外在環境迫使你重新面對自己的身份認同，並重新調整至能適應新環境的樣式，這其實也是「敘事身份」的形成，在經歷變故時，你如何理解它，正正就是重新理解自己身份、重寫同一性的過程。

「變幻原是永恆」，也只有變化才是不變的。由於生命無常的本質，每個人的一生中都會經歷高低起伏，在不斷重塑「敘事身份」的過程中，我們的身份認同（同一性）也會不斷變化。這說明了人生目標是可以不斷轉變的，25歲的你的目標可能是「我

理解自己是誰，就是理解自己的生命意義。

要事業有成」，到了45歲，你的目標可能變成「我希望教育好下一代」。

寫出幸福：三種以日誌書寫為核心的正向心理學介入方法

理解自己，就是找到人生目標及意義的第一步。而好好理解自己的方法，就是寫日誌。正向心理學家在過往的三十年發展中，驗證出很多在日常生活中可以練習的正向心理學介入方法（positive psychology intervention, PPI），當中絕大部分都是以日誌作為主要手段。書寫日誌不僅能幫助我們記錄經驗、整理思緒，更能在結構性引導下，成為提升幸福感和心理健康的有效手段。以下將詳細介紹三種以日誌書寫為核心的正向心理學介入方法，包括具體操作步驟和科學實證效果，幫助讀者在日常生活中實踐這些簡單而有效的幸福練習。即使大家不喜歡去練習以下的日誌書寫方法，平時有空寫寫自己的感受、寫寫自己的願望、寫寫自己走到今天的心路歷程，也是在理解自己的生命上有莫大幫助。

感恩日誌

感恩日誌（gratitude journal）是最被廣泛研究和應用的書寫介入方法之一。這一練習要求我們把注意力轉向生活中的積極面向，培養感恩的心態。要進行感恩日誌練習，首先需選定固定時間，最理想是每天睡前或早晨剛起床時，也可選擇每週固定幾天來進行。準備一本專用筆記本或使用電子日誌，在每次書寫時記錄三至五件你心存感激的事物，可以是重大事件，也可以是微小事物。對每個項目寫下具體細節，例如事情令你感恩的原因，以及它如何影響你。

例子：「今天我想感謝媽媽特地為我準備了手工麵包做早餐。她知道我工作壓力大，特意早起烘焙，麵包的香氣和溫暖令我感到被愛和支持。」這樣的紀錄不僅指出感恩的對象，還包含具體情境和個人意義。感恩日誌是研究最充分的正向心理學介入方法之一。研究發現，持續十週的感恩日誌練習令參與者報告產生更積極的情緒、更少的身體不適症狀，並增加了幫助他人的行為。後續研究進一步確認，長期堅持感恩日誌能顯著提升主觀幸福感。值得注意的是，感恩日誌的頻率需要個人化調整。有研究表明，對某些人而言，每天書寫可能導致習慣化和效果下降，每週一至三次可能是更優選擇。最重要的是保持真誠和專注，避免淪為機械練習。

最佳可能自我日誌

最佳可能自我日誌（best possible self journal）是一種結合未來導向想像和結構化書寫的介入方法。這一練習要求我們想像和書寫在各個重要生活領域都實現了核心目標和潛能的未來自我，也就是如果在若干年後你已達成了所有心中所想，那時候的你是怎樣的。開始這一練習時，首先需要找一個安靜、不受打擾的環境，預留20至30分鐘的專注時間。閉上眼睛，深呼吸幾次，放鬆身心。然後想像未來的某個時間點（例如五年後），假設在這段時間裡你已經以最理想的方式努力，並實現了重要目標。接著，開始書寫你所想像的最佳可能自我。可以按不同生活領域分別描述，包括工作／事業、人際關係（親密關係、家庭、友誼）、個人成長、健康與生活方式、社區參與和精神生活等。在描述每個領域時，應盡可能具體和生動，包括你做了什麼、實現了什麼、感受如何、生活發生了哪些正面變化。重要的是確保這些願景雖然理想化，但仍在合理可能的範圍內（並不能誇張），與你的核心價值觀和真實自我一致。完成初次書寫後，建議每週重訪這願景一至兩次，每次花5至10分鐘反思進展，更新細節，或重新連結這一願景帶來的正向感受。一個月後可以全面修訂這一願景，根據新的洞察和變化調整內容。例如，你可能會這樣寫：「在職業領域，我看到五年後的自己已經成為一名受人尊敬的環境顧問，專長於可持續城市設計。我每天的工作充滿意義，因為我能看到自己的專業知識如何直接促進城市生態系統的改善。我已經組建了一個小團隊，我們正在為三個主要城市提供諮詢服務，幫助它們轉型為低碳模式。」

最佳可能自我日誌的效果已在多項研究中得到證實，也是效果最強的其中一種正向心理學介入方法，而由於這種方法是未來導向的，所以對增強樂觀感特別有效。最佳可能自我日誌之所以有效，部分原因在於它激活了目標導向思維和內在動機。通過具體化理想未來，我們清晰了解自己真正重視什麼，從而增強了目標追求的自主性動機。

三件好事日誌

三件好事日誌（three good things journal）是一種專注於每日積極事件覺察和反思的日誌方法。雖然表面上與感恩日誌類似，但它有獨特的結構和焦點，更強調事件反思和因果分析。要進行這項練習，每天睡前花10至15分鐘，記錄當天發生的三件好事。這些可以是任何規模的積極事件，從重大成就到小小愉悅時刻。對於每件好事，遵循三步反思結構：

1. 詳細描述發生了什麼事。

2. 解釋這件好事如何發生，內部因素如「我做了些什麼令此等好事發生在我身上」；外部因素如「環境因素如何解釋此等好事發生在我身上」。

3. 這件事如何影響你的感受，以及它對未來可能有何意義。

與僅僅列舉好事不同，三件好事練習特別強調對事件的深度反思和歸因分析（即為事件找一個原因去解釋）。例如，不只是寫「今天與老友共進晚餐很愉快」，而是詳細描述聚會情境，思考為什麼這次互動特別愉快（可能是你主動創造輕鬆氛圍，或雙方都願意真誠分享），以及這次聚會如何促進友誼。在困難的日子裡，也可以特別留意微小但有意義的積極時刻，感受「無論生活多艱苦，仍可以感受到溫暖和幸福」的體驗。研究顯示，相較於安慰劑控制組，連續一週進行三件好事練習的參與者的幸福感顯著提升，抑鬱症狀減輕，且這些效果持續到六個月後的追蹤調查。

三件好事練習之所以對精神健康有提升作用，是因為它改變了注意力方向，幫助我們克服消極偏見，更主動地留意和記憶正面事件。長期堅持這一練習能夠重塑習慣性思維模式，培養正向注意力偏好。其次，當我們嘗試去解釋如何令到「好事發生在自己身上」時，我們能增強自己對生命的掌控感，這對感受生命的正面十分重要。第三，它培養了正向情緒的細味（savouring）及延長正向情緒，通過主動回顧好事，我們能夠再次體驗相關的積極情緒，擴大其效益。

以上三種書寫介入方法各有特色和適用情境，讀者可根據個人需要和偏好選擇最適合自己的方法。初學者可以從單一方法開始，逐漸探索其他方法，甚至將不同方法整合為個人化的書寫實踐，例如在一週內安排不同日子進行不同類型的書寫，週一關注感恩，週三練習三件好事，週末思考未來的最佳自我。

要建立持久的書寫習慣，環境設置和時間安排至關重要。創造一個舒適、不受干擾的書寫空間，選擇一個能夠持續的固定時間，將書寫與既有習慣掛鉤（如早晨咖啡後或睡前例行活動之一）。開始時設定實際可行的目標，例如每週三次，每次5至10分鐘；然後再逐步增加，而非一開始就設定不切實際的高標準。

就像冥想練習及健身，短期的訓練不會令人看到成果，正向日誌書寫的最大價值在於其累積效應，它不僅記錄了我們的經驗和成長，更積極塑造了我們的觀念、情緒和行為模式。通過持續的結構化書寫，我們更能理解自己的生命片段，體現連貫性、同一性和敘事身份，為我們找到人生意義感建立堅實的基礎。

閱讀清單分享

Erikson, E. H.(1994). *Identity and the life cycle*. WW Norton & company.

McAdams, D. P.(1993). *The stories we live by: Personal myths and the making of the self*. Guilford press.

書寫日誌不僅反映現實，更創造現實，
我們寫下的故事最終成為我們生活的故事。

註釋

1. **基本信任vs.不信任（大約0至18個月）**：嬰兒通過照顧者的一致反應發展出對世界的基本信任或不信任；

自主vs.羞愧與懷疑（大約18個月至3歲）：幼兒在掌控身體功能和探索環境中建立自主感或羞愧感；

主動性vs.內疚（大約3至5歲）：兒童通過計劃和執行活動發展主動性，或因超越界限而感到內疚；

勤奮vs.自卑（大約5至12歲）：學齡兒童通過掌握技能和完成任務建立勝任感，或因失敗而感到自卑；

身份認同vs.角色混亂（大約12至18歲）：青少年整合自我概念，形成連貫身份或經歷角色混亂；

親密vs.孤立（青年期）：年輕成人發展與他人的親密關係，或因害怕親密而體驗孤立；

生產力vs.停滯（中年期）：中年成人通過養育下一代和有意義的工作表達生產力，或感到生活停滯；

自我整合vs.絕望（老年期）：老年人回顧生活，達成整合與接納，或陷入遺憾與絕望。

在社交媒體和AI世界中人類的人生意義感

結語

作為一位研究人生意義的心理學學者，我感慨的是從我十多年的教學生涯之中，我觀察到很多人都缺乏人生意義感。雖然，當一個人還年輕時缺乏人生意義感是情理之中的事，畢竟找到人生方向需要很多的經歷，這需要時間；但是獲得人生意義後的人生是多麼的精彩，內心是多麼的安定，我希望年輕一輩都可以感受一下。我也因此有一個志向，希望能找到獲得高人生意義感的機制，並發展系統化介入方法（intervention）去幫助別人找到人生意義感。在我看來，絕大部分的精神健康在心理面向的問題都源自於心靈上的空虛，而這種空虛就是來自無意義感。

今天我們身處社交媒體和AI雙重衝擊的時代洪流中，人類面臨前所未有的挑戰。我們從未如此連結在一起，卻也從未如此孤獨；從未擁有如此多的資訊，卻常常感到困惑與迷失；從未如此容易獲得娛樂，卻頻頻體驗空虛與焦慮。

社交媒體時代的人生意義感

社交媒體平台的核心機制是展示與分享，這一特性無可避免地促進了社會比較（social comparison）的頻率與強度。在還沒有互聯網、完全面對面的「舊世界」中，我們的社會比較範圍主要限於鄰近社區或相似背景的群體，而社交媒體徹底打破了這一界限。今天，我們不斷暴露於精心編輯的生活片段、度假照片和成就展示中，每個內容創作者都將自己最奢華、最成功、最美麗的一面展示於全球觀眾的眼前。

社會比較有兩種，分別是向下社會比較（與狀況更差者比較）和向上社會比較（與狀況更好者比較）。向上社會比較通常較容易產生負面情緒，包括嫉妒、自卑和不滿足感。由於在社交媒體中，人們都是最有錢、最成功、最美麗的，對部分人來說，向上社會比較就成為他們的日常體驗了，它侵蝕著個體從內在源泉尋找意義的能力。正如第七章中提及的Frankl所言，意義來自於自我超越，然而，頻繁的向上社會比較將注意力引向自我與他人的差異（而通常你也是較差的一方），強化了自我缺憾感而非自我超越。

特別值得注意的是，短影音在近年興起，尤其在COVID-19期間漸漸成為社交媒體主流。短影音的禍害可能比傳統以圖片及文字為主的傳統社交平台更大。短影音平台如TikTok、Instagram Reels、YouTube Shorts等，通過其演算法機制更進一步強化了這種比較心理。這些平台不僅展示我們已關注的人的內容，還不斷推送演算法認為我們「應該喜歡」的內容，通常是高度精緻、視覺刺激性強、顯淺、成癮性強的片段。不斷沉浸在短影音的刺激中，向上社會比較的傾向將被不斷強化。

與向上社會比較緊密相連的是物質主義價值觀的強化。在第一章中，大家都理解了物質主義的定義，它是一種以物質享受為主的生活態度，並將物質享受的多少定義為個人成功及快樂的標準。社交媒體平台上的內容常強調物質獲取、奢侈品展示和消費體驗，這部分出於平台以促進消費作為其主要收入來源。然而，數十年的幸福研究一致表明，物質追求與長期幸福感及人生意義感呈負相關。高度物質主義傾向的個體通常報告更低的生活目的感、更少的個人成長體驗和更弱的超越感。當我們將自我價值與物質獲取和外表聯繫在一起時，我們本質上是將意義的來源外化，使其依賴於外在而非內在條件。這種外在定向使意義感變得脆弱和不穩定，隨著向上比較的不斷升級而需要持續補給，形成一種意義的享樂適應（hedonic adaptation）循環，越來越多的外在刺激產生越來越少的意義滿足。

我和研究團隊在2024年底於中國內地招募了1,000名青少年，研究在他們身上關於短影音社交媒體使用度和自殺傾向的關係，結果發現，青少年的短影音社交媒體的使用依賴度和自殺傾向成正相關，而這個關係可以用向上社會比較、物質主義和人生意義去解釋當中的機制。換句話說，短影音社交媒體的使用度和向上社會比較及物質主義呈現正相關，物慾的增加掏空了青少年的內心，和產生無意義感的空虛狀態呈現正相關，當一個人覺得生命的意義低下，那麼自殺傾向都會高一點。

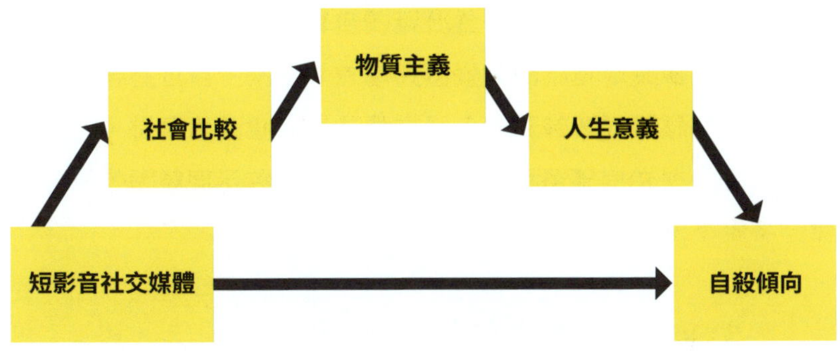

注意力碎片化與敘事整合的缺失

人生意義感在很大程度上依賴於我們將分散經驗整合為連貫敘事的能力（連貫感）。上一章提及的心理學家Dan McAdams強調，意義建構是一個敘事過程。我們通過將生活事件編織成一個連貫的故事，賦予經驗意義和目的。這一過程需要深度反思、整合不同時間點的經驗，以及發現事件之間的連接和模式。

然而，社交媒體特別是短影音平台的設計，本質上與這種深度處理背道而馳。短影音平台的核心特徵是極短的內容（通常是15秒到3分鐘）、快速轉換和高度刺激性，這些特徵結合強大的演算法推薦，創造了一種無盡滾動（endless scrolling）的體驗，吸引用戶在平台上停留更長時間。這種媒體消費模式訓練大腦優先處理快速變化的刺激而非持續性注意力，並創造了多巴胺的間歇性強化模式，類似於各種成癮機制。相信大家都很清楚，這種注意力模式侵蝕了我們的深度思考能力。深度思考是一種持續、不受干擾的認知過程，對複雜的意義構建至關重要。

當我們的空閒時間被社交媒體填滿時，我們失去了那些本可用於反思和整合生命故事的寶貴時刻。生命需要留白，生命需要閒暇時間。閒暇時間允許我們讓思緒自由流動，進行意義探索。但在短影音文化中，我們逐漸失去了在生命中留白的能力，因為只要一有空閒的時候，由於成癮問題，你就會打開手機「無盡滾動」起來，轉眼間就已經數個小時。正如詩歌需要空行、音樂需要休止符、畫畫需要留白一樣，有意義的生活需要空間讓反思和整合發生。當這種空間被不間斷的社交媒體短影音內容填滿時，意義構建的過程便受到了阻礙。

體驗深度與心理富有度下降

社交媒體除了影響我們對已有經驗的整合外，還改變了我們體驗生活的方式。近年心理學家 Shigehiro Oishi 和 Erin Westgate提出了心理富有度（psychological richness）的概念。這種「富有」指的是生活中富含多樣、新穎、有挑戰性和深度體驗的程度，它被認為是幸福感和意義感的重要維度。我們可以這樣理解：生活中有多種經驗，讓我們組成各種各樣豐富的人生故事，令我們更有可能得知熱情所在。但社交媒體特別是短影音的持續使用，通過多種機制減少了人們的心理富有度，它減少了深度體驗的時間。當投入大量時間於屏幕而非實體世界去接收信息，我們自然減少了那些提供豐富感官體驗、深度互動和心理挑戰的活動，如藝術創作、自然探索、深度閱讀或身體活動。我們當今的日常生活中，即使在參與實體活動時，社交媒體也常常分散我們的注意力，減少體驗深度。你忘記了自己無論在做什麼，甚至連和重要的人約會中，都是機不離手嗎？研究表明，僅僅是手機在場（即使未使用）也會降低人們在談話中的投入度和連接感。而社交媒體的演算法傾向於推送與我們已知偏好一致的內容，創造了一個同溫層，減少了我們接觸多樣觀點和新穎體驗的機會。這種同質化縮小了我們的體驗廣度，而意義感常來源於與不同觀點、文化和思想的接觸。

社交媒體不會因為它帶來許多潛在壞處就會消失，因為它也同時帶來許多好處，甚至是巨大的商業價值。便利於人和令人上癮的東西永遠都不會消失，就像黃色事業和毒品，儘管它們遺害很大，還是會在人類世界中流傳下去。那既然社交媒體永遠都存在，我們要如何更好地和它共處？第一步是重新掌控我們的注意力。既然完全不使用社交媒體是不切實際的，那我們便需要設定明確的社交媒體使用時段，而非碎片化地想用時就用。例如，每天兩次各15分鐘的集中使用，比全天不時查看更有益。大家也可以設定無屏幕時段及空間（例如在什麼時候或地方是絕不可以用社交媒體的）以增強自己和社交媒體的邊界。這些邊界保護了生活中最重要的親密時刻免受干擾。

當然大家也可以使用技術輔助工具，例如網站攔截器等去控制自己的屏幕時間。此外，積極培養反思的習慣同樣重要，例如寫日誌或做季度生活評估等，這些定期反思創造了敘事整合的機會。另外，在日常生活中多安排實體的沉浸式體驗，例如藝術創作、運動、深度閱讀、自然體驗或手工製作等，這些活動創造了豐富的感官和情感記憶，並擴大真實的生活圈子。

AI時代的意義追尋：重新定義人類存在的價值

今時今日除了社交媒體正在撼動人類的意義感外，AI的高速發展甚至能奪走我們作為人類的存在意義。在人類文明的漫長歷史中，技術革命總是深刻改變著我們生活、工作與自我認知的方式。農業革命令我們從狩獵採集轉向定居生活；工業革命將我們從農田帶入工廠；數碼革命又把我們帶入了信息時代。而今天，AI革命正在展開，其影響深度可能超過前幾次技術革命的總和。在這個背景下，我們不得不面對一個根本性問題：當AI能夠執行甚至超越許多傳統人類工作時，我們的人生意義感將何去何從？

縱觀人類歷史，工作一直是個人身份認同與意義感的核心來源之一及載體。工作不僅提供我們必要的生存物質需要，更賦予我們社會角色、專業身份和目標感。Frankl提出意義的三大來源是工作、關係和面對苦難時的態度。在現代社會中，「你是做什麼的？」常常成為人們初次見面的開場白，反映了職業身份在自我定義中（同一性）的核心地位。

許多人將一生的目標與特定職業緊密相連，例如成為救死扶傷的醫生、培育下一代的教師、探索宇宙奧秘的科學家、創造藝術的藝術家，或建造世界的工程師等。這些職業身份不僅是謀生手段，更承載著對社會貢獻的願望、專業技能的精進和個人成就的追求。然而，AI的迅猛發展正在挑戰這一傳統模式。當前AI已能撰寫文章、創作藝術、診斷疾病、製作音樂和編寫代碼，未來必然會進一步滲透到更多領域。麥肯錫全球研究所估計，到2030年，全球可能有多達八億個工作崗位被自動化AI取代。這不僅僅是一個就業市場的問題，更是一個屬於我們全人類的存在危機，當我們賴以定義自我的工作角色被機器取代時，我們還如何保持意義感和目標感？

以醫學診斷為例，一些AI系統在特定診斷任務中的表現已超過人類專家。當AI能更快、更準確地閱讀X光片或病理切片時，人類醫生的核心技能價值將受到挑戰。創意領域也面臨類似衝擊，就像現在我們很容易就能通過同時使用數種生成式AI工具創造出有劇本的影片。甚至很重視人與人之間互動（human touch）的行業，例如教師或心理治療師，我相信都絕對可以被將來難以分辨真假的人形機器人取代。AI機器人將在各種方面都比人類優勝，包括知識庫的準確性、情緒穩定性、耐力等。當AI能在幾秒鐘內生成精美插畫、寫出文章或創作音樂時，人類創作者需要重新思考其獨特價值所在。這種轉變必定會引發全人類的身份認同問題及存在危機（existential crisis）。

如果我不再是「那個在特定領域運用專業技能解決問題的人」，那麼我還是誰？我的人生目標何在？我如何獲得過去從專業成就中得到的滿足感和意義？

值得反思的是，這種職業與身份的緊密關聯是否工業時代的產物，而非人類存在的必然模式？在前工業社會，大多數人並不以特定職業定義自我，而更多通過家庭角色、社區身份和信仰傳統尋找意義。近代將職業成就視為自我實現核心的觀念，很可能需要在AI時代重新審視。但要如何「安慰」自己度過這個巨大轉變，說實話我也不知道。

面對AI挑戰，我們或許需要將工作與意義的關係放在更廣闊的視角中審視。我們可能需要跳出工作為核心的意義觀，要知道你是你，你不只是醫生、律師、教授或銀行家，你有多種多樣的面向，你的意義感可以來自於各個面向的你，你的人生意義可以來自人際關係的深度與廣度、社區參與和公民責任、精神探索、個人成長與學習、身體健康與和諧、與自然的連結，以及閒暇與遊戲本身等。這些屬於人的生命維度並非AI時代的新發明，而是一直存在但常被忽略的人類繁榮要素。AI帶來的挑戰將促使我們重新審視更全面且廣闊的意義光譜，從單一的職業認同轉向多元身份和意義來源。

人不只有工作，工作只是生活的一部分，
我們不是為了工作而生活在這世上的。

人類歷史上的每次技術飛躍都伴隨著社會價值觀的重大調整。農業革命帶來了定居生活、財產概念及社會階級；工業革命催生了現代城市生活方式和消費主義；數碼革命創造了各種便利的工具如個人電腦、互聯網、智能電話、社交媒體、外賣平台等，改變了我們的社交模式和資訊處理方式。同樣，AI革命可能會催生一種全新的社會價值取向。樂觀地去想，當AI和自動化工具承擔了更多物質生產和信息處理任務時，人類可能擁有更多自由及閒暇時間去探索那些最屬於人類的活動，例如意義探索和精神成長。

歷史上，擁有大量閒暇時間通常是精英階層的特權，而一般低下階層都需要用盡自己的時間勞動，這種現象其實放在今天也適用，例如擁有大量閒暇時間使精英階層人士能夠投身精神生活。AI自動化的廣泛應用，理論上可能將這種閒暇特權民主化，使更多人能夠投入到過去被視為奢侈的心靈活動中。

AI時代可能也會促使我們重新審視作為人類最為珍貴的特質。我們高度重視效率、準確性、記憶力和速度等特質，正是AI越來越擅長的能力。而AI的崛起可能使我們轉向珍視那些最難（暫時）以機械複製的人類特質，例如情感智慧、同理心、創造力、美學欣賞、人生意義與靈性探索等。而這種價值的重新轉向可能將重新定義哪些活動被視為「有意義的工作」。護理、教育、心理支援、藝術創作、精神指導等以人際關係和意義創造為

當物質生產不再是人類的主要挑戰時，
我們能否培養欣賞非物質價值，
如人與人之間的關係、創造、學習和精神成長？

核心的領域可能獲得新的社會重視，（暫時）不再被視為相對次要的活動。

無論AI發展如何改變經濟和社會結構，個人層面的意義尋求仍需我們自己主動去實踐。要在這個轉型時代保持和深化人生意義感，我認為最重要的是培養自己的多元身份認同，而非將自我價值完全繫於特定職業角色。每個人都擁有多重身份及不同面向，在每個面向中，我們都可以找到屬於自己的意義。而我們對社會的貢獻也不僅限於工作，還可以透過照顧家人、義工服務和知識分享等多種形式來實現。

未來的繁榮社會很可能不是由AI取代人類的世界，而是一個讓人類得以更充分發展人性本質的世界，AI技術將會承擔更多物質生產和信息處理的工作，而人類則有更多空間去探索愛、創造力、生命的意義，以及精神成長的深度與廣度。面對技術變革，我們既是見證者，也是參與者。如何令AI成為人類意義旅程的助力而非阻礙，取決於我們如何理解各個生命的面向。大家一起見證吧！

正向心理學的幸福密碼

用科學方法活出積極人生

作　　者	Lo's Psychology
總 編 輯	葉海旋
編　　輯	李小媚
助理編輯	鄧芷晴
書籍設計	吳國雄
出　　版	花千樹出版有限公司
	地址：九龍深水埗元州街 290 至 296 號 1104 室
	電郵：info@arcadiapress.com.hk
	網址：http://www.arcadiapress.com.hk
印　　刷	美雅印刷製本有限公司
初　　版	2025 年 7 月
ISBN	978-988-8789-40-5